I0178937

SOUVENIRS D'UN VOLONTAIRE

DE LA

1re LÉGION DE MARCHE DU RHONE

Imp. V⁻ Chanoine, Lyon

CAMPAGNE DE FRANCE
1870-1871

SOUVENIRS

D'UN

VOLONTAIRE

DE LA

1ʳᴱ LÉGION DE MARCHE DU RHONE

1ᵉʳ Bataillon — 5ᵐᵉ Compagnie

Prix : 2 franc

L'OUVRAGE SE VEND A LYON

Chez M. BALMONET, rue Godefroy, 14, à l'entre-sol;
— MM. MATUCCI et KOLONBERG, café de Madrid, rue de Lyon, 1.

CAMPAGNE DE FRANCE 1870-1871

SOUVENIRS D'UN VOLONTAIRE

DE LA

1ʳᵉ LÉGION DE MARCHE DU RHONE

1ᵉʳ Bataillon — 5ᵉ Compagnie

I

Dimanche 14 *août* 1870. — Il est midi ; la jolie salle d'été, nommée la Closerie des Lilas, établissement public situé près l'entrée du Parc, aux Brotteaux, est envahie par une foule nombreuse, composée d'ouvriers et de simple bourgeoisie.

Ils viennent assister à une fête toute patriotique.... Patriotique est bien le nom ; voici pourquoi : c'est un concert dont la recette est au profit des blessés, dont le nombre est déjà grand depuis le commencement de notre lutte avec les Prussiens. Puis le plus intéressant, c'est que presque tous les membres des deux sociétés qui donnent le concert (*Harmonie du Rhône* et *les Enfants d'Apollon*) doivent, demain 15 août, monter au camp de Sathonay pour faire partie de l'armée.

Aussi quoique les illustrations musicales de Lyon fassent défaut, la salle est comble, le concert charmant.

Je cite cette journée parce qu'elle me rappelle le commencement de ces grandes levées qui ont dépeuplé, pendant l'hiver 1870-1871, tous les grands centres de leur jeunesse et privé les familles de leurs enfants. Puis, que cela fit prévoir la décadence de nos armées, et qu'enfin, sur ces deux sociétés, il n'y a pas eu quatre hommes qui aient été exempts de prendre part aux diverses luttes qui se livrèrent contre les Prussiens.

II

Lundi 15 août. — Ce matin, pas de salves d'artillerie pour annoncer que c'est le jour solennel de la fête de la nation, de la fête de l'empereur. — Il n'y eut que les églises qui se rappelèrent que c'était la fête de la Sainte Vierge. — Et cela parce que la plupart des familles sont dans la tristesse... dans les pleurs, je puis dire... car le départ d'un mari, d'un fils, d'un frère, je puis ajouter, quelquefois même d'un ami (*tant spartiate soit-on*), ne fasse pas que la séparation soit douloureuse, surtout dans les conditions où cette jeunesse prend les armes. Il faut se figurer que pas un n'en connaît le maniement. Leurs officiers, pas plus qu'eux ; quelques-uns seulement, mais en bien petit nombre, ont été soldats, et ils rentrent dans ces armées avec des grades bien supérieurs à ceux qu'ils occupaient dans l'armée active. Cette façon de créer un cadre d'officiers fut, pour moi, une première faute ; car ils furent incapables de dompter cette fière jeunesse ; laquelle, en grande partie, vu cet état d'organisation vicieux comme chefs, comme équipement, comme armement (car tout fut à l'unisson), ne voulut pas subir à la lettre les ordres, avis ou conseils des officiers.

Les hommes ne se rendirent dociles que lorsqu'une position critique l'exigeait. Mais alors avec quel résultat? En tirailleurs, c'était un vrai troupeau de moutons, et de même pour quelle manœuvre que ce soit. De cet état de choses, il résulta constamment peu d'avantages sérieux en rapport avec une si nombreuse jeunesse aussi guerrière que la nôtre, et disposant de ressources de toute nature aussi considérables que peut faire la France quand elle le veut.

Ce ne fut pas le seul désagrément : après chaque bataille, combats ou petits engagements d'avant-postes, le résultat n'étant pas à notre avantage ou n'étant que médiocre, par suite des différentes défectuosités expliquées plus haut, les soldats se disputaient, et de se dire mutuellement qu'ils ont mal exécuté les mouvements commandés. Puis, en fin de compte, de clore la discussion en accusant leurs officiers et sous-officiers d'être des *ânes* ou des *lâches*... Une fois arrivé que les hommes discutent la conduite de leurs sous-officiers, officiers et ainsi de suite, jusqu'à leurs généraux, alors plus de guerre possible, impossible d'arriver à un bon résultat... Puis, le plus souvent, non contents de discuter entre eux la stratégie ou la conduite de leurs supérieurs, beaucoup de se permettre de vive voix d'envoyer leurs chefs à la *balançoire*... D'autres, plus polis, mais pas moins inconvenants, se contentaient de ne rien répondre, mais ne faisaient en réalité que ce que bon leur semblait.

Les officiers aussi, à ma connaissance, ont de bien gros

péchés sur la conscience. Quoi ! Une armée bien disciplinée est battue dans plusieurs rencontres ; une autre armée se reforme pour soutenir la première; dans quelles conditions? Chacun le sait !... Qui est-ce qui se met à sa tête ? Une jeunesse oisive, habituée au confortable en toute chose, et peu instruite. Ce qui fait qu'il ne reste à la plupart que des platitudes à dire pour obtenir un semblant d'obéissance de leurs hommes. Viennent ensuite quelques vieux soldats qui sont officiers ; eh bien! vous pensez que cela va mieux ? C'est triste à dire, mais c'est encore le contraire. La plupart sans fortune, ne voulurent pas se contrarier avec leurs collègues qui en avaient, et firent comme eux mille infractions à la discipline, je dirai même au devoir de l'homme d'honneur, pour se procurer le bien-être, laissant le soldat s'arranger comme il l'entendait, et de dire pour excuser leur conduite : Que voulez-vous obtenir de ces hommes, nous ne pouvons rien en faire....

Ceux qui disaient cela, et ils sont nombreux, n'étaient simplement que des gaspilleurs des caisses de l'Etat. D'autres plus sérieux, pour faire respecter leurs galons, mais qui ne furent pour les honnêtes gens que de vils fainéants, procédaient autrement. Voici comment ils s'y prenaient : arrivés au gîte ils faisaient part aux hommes des ordres que les officiers supérieurs pouvaient leur avoir transmis, puis ils faisaient demi-tour sans s'inquiéter si cela était faisable, oui ou non ; les voilà, en fait de service militaire, de s'inquiéter, de s'ingénier à trouver un lit, un poulet, du vin et ses accessoires. Et lorsque le « garde-à-vous » sonnait, alors seulement de penser à leurs hommes, mais non dans le sens qu'on pourrait bien croire ; ce n'était que pour les traiter de fainéants et de malpropres, puis d'arriver quelquefois à exiger les choses les plus impossibles. Impossible est le mot, toujours par suite de l'organisation vicieuse, et toujours de terminer leurs mauvais compliments par les menaces de garde du camp.

Je sais que beaucoup le méritaient ; mais en définitive à qui la faute ? Comme je l'ai expliqué, par le peu de conduite et de connaissances militaires que les officiers possédaient.

De tout ce que je viens de dire, il est sous-entendu que je parle de faits généraux, car en toute chose il y a des exceptions ; à ma connaissance je puis en citer, malheureusement le nombre est bien restreint.

Je termine ; nous trouverons tout le long de ce livre des faits répétés trop souvent pour venir à l'appui des appréciations que je traite ci-dessus. Chacun jugera.

III

Avant de continuer, je vous observerai, lecteurs, que je ne suis pas écrivain ; je suis un modeste employé de commerce, seulement j'ai été déjà deux fois soldat ; une troisième, comme c'est mon habitude, volontairement. Je m'engage pour prendre part à la campagne qui commençait. Pendant mes trois congés, j'ai pris des notes sans autre but qu'*histoire* de passer mon temps, pour ne pas être complètement désœuvré comme une partie des camarades. Aujourd'hui je risque le tout pour le tout, je publie celles relatives à la campagne 1870-71.

Ce qui m'y encourage, c'est que mes notes traitent non seulement de mes souvenirs personnels, mais encore de toutes les aventures relatives à ma société chorale, les *Enfants d'Apollon*, et de la compagnie avec laquelle j'ai fait campagne, qui est la 5ᵉ du 1ᵉʳ bataillon de la première légion de marche du Rhône. Puis ensuite, dès le début de la campagne, j'ai promis à mes amis que mes notes, bonnes ou mauvaises, je les leur ferai lire. Et comme pendant cette guerre tout le monde a été soldat, que chacun a pu apprécier les misères, les agréments du métier de *troubade*, tous pourront me comprendre.

Votre serviteur,

Gustave BRUN.

IV

De mon récit j'en suis au 15 août, je continue.

Il est midi, nous sommes presque tous réunis à la grande brasserie Péguet, aux Brotteaux, la nouvelle ayant circulé qu'une fanfare devait en partir pour faire la conduite aux mobiles jusqu'au camp de Sathonay. Un grand nombre d'autres mobiles des Brotteaux, Charpennes, Villeurbanne et autres endroits, s'adjoignirent de leur chef à notre société, et comme les conscrits le font en général, beaucoup portaient des insignes dérisoires du métier de *troubade*; ainsi l'un au bout d'un bâton c'était un vieux balai, l'autre une mauvaise paire de souliers, une brosse ou des légumes, etc., cette grande salle était archicomble. De tous côtés des conversations étourdissantes, des cris et des chants républicains avec accompagnement d'applaudissements redoublés.

Il est une heure, nous avons beaucoup de peine, vu

l'encombrement, à nous mettre en marche, et à vrai dire nous aurions bien voulu pouvoir nous débarrasser de tous ces porteurs d'allégories, mais pas *plan*.

L'*Harmonie du Rhône* ouvre la marche; son premier morceau est la *Marseillaise* qu'elle sait à peine.... Néanmoins on applaudit.

Les *Enfants d'Apollon* suivent; son vice-président, Joseph Geoffroi en tête, à ses côtés Chapelier, notre caissier, charmant sociétaire; Joseph Bouvier, un des plus spirituels sociétaires Enfin moi... Derrière nous Paul Berlioz, le chéri des dames, Vial, l'abruti (il est excusable c'est un ancien soldat), et toute la société au complet.

Nous formons avec toutes nos recrues de la brasserie une forte colonne; l'itinéraire de notre chemin fut la rue de Sèze, la rue Boileau, la place Kléber, le cours et le pont Morand, la rue Puits-Gaillot, la place de la Comédie, la rue Lafont, la place des Terreaux dans son grand contour; nous prenons la rue Puits-Gaillot, le quai St-Clair, le cours d'Herbouville, la Montée-des-Soldats, et enfin nous arrivons littéralement blancs de poussière, le visage brûlé par le soleil, le corps tout mouillé de sueur, au camp de Sathonay. Pendant tout le trajet, soit la musique, soit les chants républicains, n'ont discontinué de se faire entendre. Une haie compacte d'amis, connaissances ou curieux, sur tout notre parcours, principalement le cours Morand et la place des Terreaux. En ce dernier endroit, cela était même extraordinaire, pas une place vide sur les trottoirs et à toutes les croisées de l'Hôtel-de-Ville et des maisons particulières. Rien que des têtes! De tous côtés, des cris de Vive la République! De la musique et du chant avec accompagnement de quelques bouquets, et pas mal de cris : à bas Badinguet ! Cette manifestation est imposante ; je crois que tout Lyon est au camp.

L'installation de ces jeunes gens se fait difficilement, si difficilement que beaucoup reprennent la route de Lyon, quittes à remonter demain matin. Les scènes les plus comiques s'y passent. Le dernier voyou s'y coudoie avec le plus élégant, en camarade, avec cette différence que l'élégant est silencieux, il y a de quoi, car le voyou le tutoie déjà, et sans préambule il se permet de lui tracer la ligne de conduite qu'il aura à suivre pour l'avenir !

Les officiers ne sont pas exempts de tribulation : chaque nouveau soldat vient leur demander plus ou moins poliment sa paie, son pain et son logement.

Je vois parmi ces messieurs bien des noms connus dans l'aristocratie lyonnaise. En général, tous ces officiers, sous-lieutenants et lieutenants, sont de la même levée que les hommes, donc officiers et soldats peuvent se donner la main; ils ont tous leur apprentissage à faire. Qui est-ce qui paiera les brioches ?

Cette mémorable journée se termina par la réunion de presque tous les membres des deux sociétés et de bien d'autres mobiles, au bal que la Closerie des Lilas donne le lundi, très-peu voulant renouveler dans leur famille les pleurs du matin.

V

Dimanche 2 octobre. — Il fait encore comme temps une superbe journée ; une partie de la population est sur pieds. Les jeunes gens non mariés de vingt-cinq à trente-cinq ans vont se réunir sur la place Louis XVIII, pour partir renforcer l'armée qui a subi de nouveaux échecs. Cette fois chacun part avec plus de courage. Sedan, — il est vrai s'est rendu avec cent mille hommes, ce qui est fort désastreux. Mais au moins il nous a délivrés de l'empereur, d'un gouvernement qui généralement n'était point aimé. Il nous a ramené cette chère République, qui déjà a fait de si belles choses : d'abord en nous mettant tous égaux devant la loi, et en abattant des milliers de priviléges, qui étaient basés sur des principes en partie plus absurdes les uns que les autres.

Maintenant que les hommes sont plus instruits, que les sciences en toutes choses ont fait des pas de géant en connaissances utiles, qu'on les applique, l'histoire du passé aidant, à réformer sur des bases solides, équitables : c'est-à-dire que le gouvernement du pays ne soit pas la propriété d'une famille ; les hauts emplois pas octroyés aux amis de cette famille; qu'aucune de ces lois vexatoires que 93 a abolies, cette même famille n'ait pas le droit de les rétablir sous une forme plus ou moins déguisée, en un mot que la gérance du pays appartienne à tous citoyens. Qu'il n'y ait plus de ces vilaines monstrueuses listes civiles, ni de ces armées permanentes formidables. Que l'agiotage ait des bornes. Et enfin que, par de bons principes rétablis, la vie de famille ressuscite, et alors nous aurons dans toute l'acception du mot le véritable gouvernement qu'il nous faut, qu'à tous les peuples il faudrait, et que nous appelons tous la République !

La réunion se fait devant la brasserie des chemins de fer ; beaucoup sont comme des ahuris, ils ne peuvent se rendre compte pourquoi on les a convoqués : ils s'attendaient à être casernés de suite, et n'entendant dans tous les commandements qui se croisent rien de précis, ils entrèrent dans les brasseries et n'en sortirent plus ; d'autres prirent les omnibus ; deux heures après il n'y avait plus personne. Moi je crois que c'était simplement pour finir d'inscrire ceux qui ne l'avaient pas été jusqu'à ce jour.

Cette levée enlève le reste de la *Société des enfants d'Apollon :* notre vice-président, Joseph Geoffroi, Besson, le meilleur camarade que je connaisse, que nous avons surnommé Glodoche à cause de l'entrain qu'il met à se divertir en tout.

Beaucoup d'amis qui étaient de cette levée, pour s'en exempter, c'est-à-dire pour choisir leur corps, sont partis volontairement dans les différentes compagnies de francs-tireurs, qui se sont formées sans interruption depuis le mois d'août, et quelques-uns dans l'armée active. Michel Lekner, notre commissaire, est du nombre, quelques-uns aussi se trouvaient également des classes qui ont tiré au sort. Ils sont partis. Enfin un certain nombre qui étaient exempts de *tout* se sont engagés dans les divers corps de nos armées. Nous voilà tous dispersés ; si jamais nous pouvons tous nous réunir, que d'histoires à raconter ! Cela fait qu'il ne reste plus que Bichonnier et moi pour garder la bannière. Aussi, est-ce déjà plaisir à voir comme nous dévorons les nouvelles des absents. Un jour, c'est de Chatagner qui est *lignard*, un autre jour, c'est Chapelier qui est officier dans les mobiles de la Savoie. Il en est de même pour tous, et le chiffre en est élevé.

Nos mobiles du 15 août sont maintenant en campagne, les uns à Paris, une grande partie à Belfort et quelques-uns à Neuf-Brisac, les derniers qui formaient le dépôt sont partis le 15 septembre, Paul Rerlioz en était.

Leur séjour au camp de Sathonay fut presque de continue une vie de polichinelle. Les scènes les plus comiques comme les plus sérieuses s'y sont passées. Peut-être plus tard causerai-je de ces diableries qui ne furent que l'accompagnement inévitable d'une organisation vicieuse. Cette journée se termina sans ordre nouveau, concernant la levée de vingt-cinq à trente-cinq ans.

VI

Neuf jours sont écoulés depuis la réunion de la place Louis XVIII. Les hommes de vingt-cinq à trente ans seulement sont casernés au Grand-Séminaire, à St-Just. On peut dire qu'ils sont tous volontaires, car il y en a eu plus que le compte pour former l'effectif; de plus, un grand nombre avaient des titres d'exemption qui les dispensaient momentanément de tout service actif. Seulement, prévoyant les événements qui se préparaient, au lieu de retarder leur départ, ils aimèrent mieux faire partie de la belle première légion de marche du Rhône.

Aujourd'hui mardi 11 octobre, je prends aussi une grande décision : le service de la garde nationale, suite des troubles continuels dans lesquels se trouve Lyon est fort pénible, autant le métier de soldat; d'abord je serai plus utile vu que j'ai pratiqué la *boule de son*, non-seulement en garnison, mais aussi en campagne. Puis je suis garçon et bien portant. Je donne ces détails parce que j'ai aussi un titre d'exemption qui m'exclut de tout service actif. Hormis les événements extraordinaires du moment, on ne peut exiger de moi que de faire partie de la garde nationale sédentaire, vu que j'ai obtenu à la suite de la campagne d'Italie 59-60 (mon bataillon est resté armée d'ocupation), un congé de réforme n° 1, qui est congé de blessé, lequel est inattaquable.

En conséquence de ma décision, de grand matin, je fus trouver un de mes amis que j'ai mis au port d'arme au 15ᵉ bataillon de chasseurs à pied, actuellement sous-lieutenant provisoire à la première légion de marche du Rhône, 5ᵉ compagnie, et lui demande si mon projet est réalisable; pour toute réponse, il passe son bras sous le mien et me fait monter le Gourgillon; il me présente au capitaine Janin, que je connais aussi. Je suis inscrit immédiatement sur le contrôle de la compagnie; cette opération terminée, je me mets en devoir d'*arpenter* la cour et tout le bâtiment dans ses moindres recoins pour voir un peu comme cela se passe, et par la même occasion serrer la main aux amis.

La cour, les corridors, les chambres, sont partout encombrés; c'est la même confusion qu'au camp de Sathonay il y a deux mois, avec la différence que les hommes sont plus forts, plus robustes, plus raisonnables. Que les hommes nommeront tous leurs chefs à l'exception du colonel, des commandants et des adjudants-majors. En attendant d'être casernés régulièrement, chacun de nous touche par jour 1 fr. 50 c.

Dans ma promenade, j'échange des poignées de mains avec Millet et Pacalin; ils sont à la 4ᵉ compagnie du 1ᵉʳ bataillon, ce sont des camarades d'enfance. Autant avec Royer, lieutenant de la susdite, c'est un ex-sous-officier des chasseurs à pied. Nous avons ces temps passés monté la garde au pont Morand, tous deux comme simples gardes nationaux. Dans les hommes de ma compagnie, je vois avec plaisir Imbert qui a travaillé dans ma maison, mon frère Jules Brun, notre frère de lait

Claudius Huchard. Deux *ex-enfants d'Apollon :* Meunier, Pierre et Staquet Frédéric. Enfin un grand monsieur maigre, portant les insignes de capitaine, vient me serrer la main, il s'appelle Moly, je ne le reconnaissais pas. Il m'offre un grade d'officier dans sa compagnie, n'étant pas de son bataillon, je le remercie de son offre obligeante.

Voici l'heure du déjeûner, nous allons dans une auberge avec Lesage, Royer, Besson (l'Apollon), il est à la 4e compagnie, Gayet, camarade d'enfance, et une dizaine d'autres légionnaires. A la première rasade, nous trinquons au succès de nos armes, avec promesse que quoi qu'il arrive de rester unis.

Ce déjeûner *avalé,* nous allons assister à l'appel, lorsqu'il fut fini, chacun retourna chez soi; moi j'en profitai pour ranger mes affaires, rendre quelques visites, pour n'avoir désormais qu'à m'occuper de mon métier de soldat.

VII

Vendredi, 14 *octobre.* — Ces deux jours écoulés ont été assez bien employés au profit de notre organisation. Des chassepots nous ont été délivrés mercredi au fort Lamotte ; le mien porte le n° 6,025. Pendant ce trajet, nous fîmes une halte assez longue sur la place Louis XVIII; nous entrons dans la brasserie Georges ; presque toute la 4e compagnie y est : son capitaine, M. Petit, en tête ; c'est un brun, grand, maigre, qui invariablement est ganté de peau noire; il a été jadis maître d'armes dans la marine. Comme chef de compagnie il s'est attaché deux clairons qui ne sonnent pas mal et qui ne le quittent pas d'une *semelle*, ce sont les nommés Droz Édouard et Escoffier. Dans cette brasserie, ils sonnent diverses sonneries, puis le légionnaire Rivaux, très-bon chanteur, entonna le chant national, *les Volontaires de* 1793. Au refrain la salle tout entière accompagne. Enfin, ce M. Petit fait encore sonner ses clairons et nous nous remettons à nos rangs. Après un bon moment d'attente, arrive un officier supérieur, on nous fait former le cercle, il se place au centre, c'est notre colonel. Ce n'est pas la première fois que je le vois, je me le rappelle, quand il n'était que capitaine d'état-major. Il nous fait un petit spech, qui n'est pas des plus forts, qui nous laisse tous sans enthousiasme et chez beaucoup sous une fâcheuse impression.

Le même jour je fus nommé sergent à la 1re subdivision de la 1re section. Le sergent-major et le fourrier ont passé leur temps à établir des états, et entre les appels nous avons commencé à manœuvrer soit dans la cour même du séminaire, soit dans le champ de manœuvre des Chartreux. Dès aujourd'hui je suis presque fixé sur ce que nous pourrons faire à l'avenir. Voici mes remarques qui me serviront de base pour établir mon jugement.

A nos exercices, à nos appels, absence du capitaine Janin : il a une extinction de voix ! Le lieutenant Joly paraît bon comptable, mais ne sait pas commander. Le lieutenant Lesage a un joli commandement, mais ne connaît pas sa théorie ; de plus, ces trois officiers ne sont ni les uns, ni les autres organisateurs. Ils ont une seule bonne qualité, ils sont bons garçons. Ils sont pour leurs hommes plutôt des amis que des officiers. Les quatre sous-officiers des quatre demi-sections, sont tous anciens soldats ; Cellery et Raymond, en fait de connaissance et de discipline militaire, me font l'effet de ne connaitre que la divine bouteille, aussi je passe. Arnaud Napoléon, celui-là seul est capable : il connaît sa théorie, il est instruit, il est sévère sur les rangs, mais bon camarade au repos. Comme antécédents, il a sept années de services actifs au 2ᵉ infanterie de marine, et une partie de son congé comme sous-officier.

J'arrive enfin à moi, qui me trouve être réintégré dans l'armée avec un grade plus élevé que je ne le mérite, vu que j'ai quitté le service actif ayant été cassé de caporal. Aussi je me promets de mériter par mon exactitude mes sardines d'or.

Le sergent-major, Drevet Joseph, a l'air très-intelligent, il est caissier d'une forte maison de Lyon, mais n'a pas été soldat. Son fourrier, le nommé Balland, ne paraît pas aussi actif, et de plus comme comptable il écrit très-mal, et également n'a pas été soldat.

Enfin les huit caporaux : Mouterde, Ogier, Charvériat, Mias, Roustan, Bernard, Bender Chabert, tous à part les trois derniers, n'ont pas été soldats. Sur les rangs, aux exercices, les voici tous en serre-file, ils en savent assez. Quelquefois même ils sont en compagnie de leurs amis. Pas d'officiers pour remédier à cela.

Lorsque nous serons devant l'ennemi, que le cadre ne saura pas ce qu'il aura à faire, qu'est-ce que les hommes deviendront? Je fais cette réflexion : ils peuvent présumer que les balles, les boulets respecteront leurs galons, leurs amis ; ou encore tiennent-ils le raisonnement suivant : qu'une fois devant l'ennemi, la guerre n'est pas si difficile qu'on le pense bien, il n'y a qu'à avoir bon bras, bon œil, bon jarret, et si le moment est trop critique, eh bien ! et la baïonnette ! Tous ces raisonnements sont d'un véritable français, mais pour les guerres actuelles, il ne s'agit pas seulement d'être brave, il faut connaitre sa théorie, et plus vous la connaissez, mieux cela vaut ; plus le grade est élevé, plus de science est-il obligé de faire provision ; puis d'inculquer tout de suite, avant toute chose une discipline sérieuse. Avec ce système qu'arrive-t-il? Le soldat a confiance en son chef; ce premier résultat obtenu, il arrive qu'il le respecte, puis enfin les circonstances aidant on peut obtenir des succès. Ce qui est le mobile d'une armée qui entre en campagne.

Il faudrait aussi que les élections se fassent de suite, car alors chaque gradé n'aurait pas la bassesse de tolérer les abus qui, une fois enracinés, sont bien difficiles à extirper. Mais voilà, les hommes ne connaissent pas le savoir des candidats. Que faire? Le problème est un peu difficile à résoudre. — Non, ce n'est simplement qu'une preuve d'incapacité de notre colonel. Puisqu'il est irrévocablement nommé, il aurait dû, dès le premier jour, faire manœuvrer en sa présence la première compagnie, celle-ci finie, les compagnies suivantes, faire commander le capitaine provisoire, et successivement jusqu'à épuisement du cadre, et même tous les hommes qui auraient voulu se présenter. Cette opération terminée, établir son tableau de candidats, par la même occasion ; les hommes auraient pu établir un jugement et leur vote n'aurait pas été la plus stupide turpitude que j'aie vue de ma vie!

Un de ces jours je prononcerai mon jugement.

Aujourd'hui, comme le premier jour, à chaque instant l'on fait des rencontres inattendues : ce sont des amis d'enfance, des camarades de travail, des compagnons de plaisir, enfin il y a de tout. Cela entraîne aux relations les plus imprévues.

Ces deux jours, nous avons mal déjeûné dans notre auberge, aujourd'hui nous allons dans la pension de notre capitaine ; c'est toujours à Saint-Just, chez un épicier dont l'arrière-magasin est une jolie salle à manger ayant vue sur la campagne, l'on y est servi proprement, même avec luxe, et la cuisine y est délicate, le tout à un prix des plus modérés ; — avec l'agrément d'être servis par mademoiselle Marie, charmante et jolie fille qui fait le caprice, à ce que je vois de plusieurs de ses pensionnaires. A ce repas, j'entre en relations avec plusieurs légionnaires qui font partie de la 5e ; ce sont MM. Roustan Henri, Charvériat Honoré, Drevet Joseph, Ogier Tony, Mouterde Emmanuel, Vitton Eugène et le lieutenant Joly. De ces convives, celui qui attire le plus mon attention c'est Mouterde, premièrement pour un bon motif, c'est qu'il fait les honneurs de la table ; il nous sert, il découpe les pièces, cela sans cérémonie, sans se faire prier et de s'en acquitter à merveille.

Nous sortons de table ; il est onze heures et demie : nous sommes en retard ; à midi nous devons partir pour prendre cantonnement à Saint-Genis-Laval.

Nous sortons du Séminaire avec un magnifique soleil ; nous sommes deux compagnies, l'effectif est fort : on dirait un bataillon ; nous descendons les Etroits jusqu'au quai de Saône que nous suivons jusqu'à la Mulatière, nous faisons ce trajet en chantant : le capitaine, le sous-lieutenant, Ogier, le *Fallot* et quelques autres entonnèrent à tour de rôle le leur : ce sont des chants avec refrain ; cette petite étape fut très-agréable.

Le *Fallot* mérite attention, il est composé de ce que nous appelons à Lyon *des gones des Brotteaux*. Mais ceux-là ne sont pas *des faux,* mais bien *des vrais :*

Cellery, Reymond, Chabert, Huchard, Meunier, Brun, en sont, ainsi que d'autres dont les noms m'échappent, ils ont un chef honoraire qui est Roustan, ils ont leur jargon, leurs chansons, un fanion rouge et leurs mœurs à eux.

Ils se sont institués de leur autorité privée, *club révisionnaire*, c'est-à-dire que tout ce qui ne marchera pas carrément, ils y mettront ordre. En attendant que leurs pouvoirs fonctionnent, prenez-les le matin, prenez-les le soir, ils sont constamment à moitié gris ; jusqu'à présent en fait d'ordre de choses qu'ils aient établi, c'est de dire *ji* pour oui, et *pas vert*, pour dire non ; d'avoir composé un cantique dérisoire qui dit :

> Esprit saint !. . . . .
> Embrasez notre cœur. . . . .
> Apportez-nous du vin,
> Des saucisses, de la blanche et des boudins.

Et finalement, d'avoir comme les francs-tireurs un sifflet. Autant le dire de suite, ce *Fallot* dura ce qu'il devait durer, c'est-à-dire qu'il se licencia de lui-même après quelques jours d'existence. Après la Mulatière, nous faisons une halte ; les officiers, sous-officiers et des caporaux de la 5ᵉ et 6ᵉ compagnie sont à la même table. Le capitaine Janin paya la rasade, se basant que la première halte d'un capitaine avec ses hommes était à ses frais.

Nous nous remettons en route avec une gaieté voisine du désordre, nous n'avons pas fait cent pas que voici notre colonel, M. Celler, à cheval sans escorte. Il nous fait arrêter, appelle les chefs de compagnie, et donne de l'argent pour boire et manger. Tous sont de la fête, officiers, sous-officiers et soldats.

Cette halte n'eut pas le succès qu'en attendait le colonel : venant de se rafraîchir, la plupart aurait préféré de continuer leur route ; puis cette libéralité à un moment qui n'a pas sa raison d'être, offusqua beaucoup de légionnaires. J'entendis tenir le raisonnement suivant par des hommes qui ne sont pas riches : « Eh bien ! non, je ne le « remercie pas, parce que je n'ai pas besoin qu'il me « paie à boire pour me faire marcher, pour me faire « estimer mon chef ; pourvu qu'il soit juste, cela me « suffit. — Mais il est sûr que ce n'est pas de sa bourse « qu'il le fait, ce sera à déduire sur notre équipement. »

Enfin, nous voilà pour de bon en route, les hommes ne veulent plus rien écouter ; c'est en troupeau de moutons que nous traversons Oullins et que nous arrivons à notre cantonnement, qui est le couvent des frères Maristes, bâtiment aussi vaste, s'il ne l'est plus, que le grand séminaire. La 5e compagnie occupe le premier étage, nous sommes très-mal logés ; cependant, les sous-officiers ont pour eux seuls une chambre, il faut s'en contenter, car, il est probable que dans quelques jours nous serons plus mal. Je me couche après avoir fait cette réflexion.

VIII

Samedi 15 *octobre.* — A sept heures du matin appel, après nous partons en promenade militaire jusqu'à Brignais, qui n'est qu'à 4 kilomètres de Saint-Genis-Laval. Le temps est incertain, et resta ainsi jusqu'à notre retour.

Nous n'avons plus, depuis hier soir, la latitude de manger où il nous convient ; nous sommes soumis *à la gas-*

souille du citoyen Gailleton, à part le mauvais goût de son potage, ce qu'il il y a de plus désagréable c'est d'attendre indéfiniment pour être servi, aussi fait-on une musique infernale. Voici comment les légionnaires s'y prennent : sous les arcades, tout autour de la cour, sont disposées les tables où nous assistons ; chacun à son service complet en fer battu, alors tous de prendre son assiette creuse d'une main, son assiette plate de l'autre, et d'imiter le tam-tam des Arabes en criant à tue-tête comme le voyou aux Célestins : *le potage ou mes quatre sous*.

Cette comédie est bien amusante pour un moment, mais en définitive il ne faudrait pas que cela dure ; c'est dérisoire de nous soumettre à un ordinaire pareil, avec un service aussi mal organisé. Il en résulte, que celui qui a de l'argent est presque obligé de manger dans les restaurants. Après l'appel de onze heures, nous sommes libres ; avec le sergent Arnaud je vais visiter la villa Sainte-Eugénie, bel établissement que le jardinier en chef, M. Bastian, nous montre avec bonne volonté.

Cette après-dîner, toute la légion a la permission de sortir, on est libre jusqu'à lundi matin huit heures, chacun se dirige chez lui. L'argent des permissionnaires formera le boni des compagnies.

Vendredi 21 octobre. — Nous sommes déjà le 21, nous n'avons presque pas fait d'exercice, notre équipement est très en retard ; cependant de temps en temps le bruit court que nous devons partir sous peu. Cette situation est fort désagréable ; tous les jours on dit adieu à ses parents, et il est probable que le jour du départ, on ne le pourra pas, ne sachant pas s'il est réel.

Hier ou avant-hier ont eu lieu les élections ; cela s'est

passé à peu près comme tous les votes à mains levées. Tous les candidats ont passé à la compagnie ; Celleri et Raymond ont été refusés comme sergents ; cela amena une grosse discussion, pour le motif que je n'avais pas signalé ma cassation de caporal ; mes officiers sont dans le même cas, ils n'ont pas donné leurs états de services et n'ont pas demandé les miens ; je n'ai pas réfléchi plus loin. D'ailleurs, pour couper court aux réclamations des citoyens Celleri et Raymond, je refuse mes galons, n'y tenant pas absolument. M. le capitaine Janin n'accepte pas ma démission.

Un moment après je rentre dans notre chambre, je trouve le citoyen Celleri entrain de casser l'aiguille de mon chassepot... *Voilà l'homme qui voulait un commandement.*

Voici le contrôle de la compagnie avec son cadre nommé par le vote :

Capitaine : JANIN.
Lieutenant : JOLY. — *Sous-Lieutenant* : LESAGE.
Sergent-Major : Drevet (Joseph).
Fourrier : Balland.

| *Sergents* : Brun (Gustave). | *Sergents* : Bernard (Cyrile). |
| — Arnaud (Napoléon). | — Bender (J.-Baptiste). |

1re Escouade.

Caporal : Mouterde (Emman.)	*Hommes* : Coque (J.-Baptiste).
Hommes : Desroches (Alphonse).	— Promat (Maurice).
— Droguet (Benoît).	— Raillard (Antoine).
— Colomb (Charles).	— Vernay (Antoine).
— Meyer (J.-Baptiste).	— Palluy (François).
— Chénelas (Maurice).	— Guy (Hubert).
— Bonnard (Jean).	— Puthoud (Victor).
— Martin (Albert).	— Brun (Jules).
— Bonhomme (Henri).	— Mercier (J.-Claude).
— Fréçon (Gabriel).	— Imbert (Pierre).

2e Escouade.

Caporal : Ogier (Tony).
Hommes : Humbert (J.-Louis).
— Besson (Jules).
— Duvernay (Louis).
— Brocherie (Emile).
— Rigolier (Joseph).
— Crétinon (Antoine).
— Morel (Antoine).
— Deveaux (Célestin).
— Roux (Jean-Marie).

Hommes : Rousset (François).
— Gaillard (Honoré).
— Bonnet (Jean-Marie).
— Auclair (Pierre).
— Convert (Claude).
— Louis (Henri).
— Berthelier (Julien).
— Bessy (Benoît).
— Laveaux.

3e Escouade.

Caporal : Charvériat (Honoré).
Hommes : Mathon (J.-Baptiste).
— Dumon (Lucien).
— Passot (Etienne).
— Chenet (Jean).
— Sambardier (P.-M.)
— Chenet (Jacques).
— Lugy (Jean).
— Tivolion (André).
— Rigoudy (Claude).

Hommes : Colomb (Jean-Marie).
— Bouchitet (Claude).
— Moury (Gabriel).
— Gonet (Jean-Pierre).
— Vitton (Eugène).
— Mérat (Jean-Pierre).
— Lagrange (Jacques).
— Rostain (Etienne).
— Laforet (Philippe),
— Charbonnier (Benoît).

4e Escouade.

Caporal : Miaz (Claudius).
Hommes : Raymond (Louis).
— Raymond (J.-Marie).
— Burthzaler (Louis).
— Marin (Michel).
— Devienne (Henri).
— Muzy (François).
— Séon (Pierre).
— Monnant (J.-Marie).
— Bouillard (Etienne).

Hommes : Colliard (Charles).
— Souvignet (Auguste).
— Ponchonot (Joseph).
— Michel (Joseph).
— Arquillière (Léon).
— Meunier (Pierre).
— Morel (Alexandre).
— Thiévon (Isaac).
— Latuyère (Cl.-Marie).

5e Escouade.

Caporal : Roustan (Henri).
Hommes : Mantel (Jean-Marie).
— Mouton (François).
— Raginel (Etienne).
— Ballandra (Claude).
— Lapierre (Pierre).
— Perraut (Claude).
— Chanrion (J.-Marie).
— Terisse (Henri).
— Patissier (Pierre).

Hommes : Myon (Joanny).
— Staquet (Frédéric).
— Lollier (Etienne).
— Moulin (Henri).
— Girodon (François).
— Berthier (Claude).
— Drevon (Auguste).
— Poulet (Victor).
— Moulin (François).

6e Escouade.

Caporal : Darier (Pierre).
Hommes : Vezian (Charles).
— Clément (Léonard).
— Arnaud (Louis).
— Lamure (Ant.-Marie).
— Kalendry (Benoît).
— Martinot (Jean).
— Guillot (Nicolas).
— Gubian (Jacques).
— Froment (Hilaire).

Hommes : Laprade (Joannes).
— Bérey (Joseph).
— Malot (Jean-Louis).
— Séon (Jean-Claude).
— Guttin (Claude).
— Frédière (Antoine).
— Forgeat (Baptiste).
— Fayolle (Claude).
— Pyreire (Achille).
— Boutarin (Mathieu).

7e Escouade.

Caporal : Chabert (Petrus).
Hommes : Vadon (Louis).
— Huchard (Claude).
— Pabion (Pierre).
— Odin (Claude).
— Baugey (Joseph).
— Nardon (Pierre).
— Devise (Théophile).
— Boucon (Henri).
— Vallet (Antoine).

Hommes : Aulois (Sébastien).
— Chanrion (Benoit).
— André (Alexis).
— Perrier (Édouard).
— Turlon (Jean-Marie).
— Haute-Couverture (A.)
— Pezat (Pierre).
— Géry (Simon).
— L'Hôpital (Jean)

8e Escouade.

Caporal : Vincent (J.-Marie).	*Hommes :* Mure (Joseph).
Hommes : Passeron (Baptiste).	— Gondran (André).
— Boulade (André).	— Duret (Philibert).
— Allouis (Jean-Franç.)	— Berthier (Claudius).
— Berlier (Etienne).	— Vizot (Ulysse).
— Perret (Mathieu).	— Berthelier (Joseph).
— Lacroix (Joseph).	— Coulon (Charles).
— Loison (Jean-Claude).	— Baudin (François).
— Aujard (Jean-Marie).	— Charles (Emile).
— Marran (Benoît).	

Ne sont pas compris dans ce contrôle, Cellery, Raymond et Lacoste, ce dernier je ne l'ai jamais vu.

Samedi 22 octobre. — Ce matin, la compagnie fait une promenade militaire des plus agréables ; nous allons nous perdre dans la campagne par les sentiers les plus détournés ; en route nous jouissons de la vue de plusieurs jolis sites, riches habitations, belle végétation, rien n'y manque. Nous faisons grande halte aux vieux et beaux aqueducs romains, à Notre Dame de Bonnand. Nous reprenons la grande route en passant par Oullins. Pendant ce trajet, les chants marchèrent leur train : Arnaud, Ogier, Imbert s'y distinguèrent.

Ce soir, comme samedi passé, nous avons tous permission jusqu'à lundi matin, aux mêmes conditions.

Dimanche 23 octobre. — Ce n'est pas tout de dire : je ferai, il faut encore pouvoir. Je dis cela à propos de ce que, déjà, beaucoup d'entre nous, qui sommes encore sous le toit paternel, au lieu d'avoir, comme ces jours passés, envie d'aller errer en juif-errant, nous resterions parfaitement enfermés chez nous, pour nous remettre de chauds et froids dont nous sommes déjà atteints. C'est une maladie qui règne, et c'est facile à comprendre : on rentre au casernement ayant chaud, l'on a pour chambre à coucher de vastes couloirs, quelques-uns dans les chambres, mais autant dans l'un que dans l'autre, l'on a l'agrément d'avoir des courants d'air fort désagréables ; avec cela on couche tout habillé, et la nuit la température est fraîche. Cette nouvelle vie, du jour au lendemain, tant *fort* soit un tempérament, il est impossible qu'il ne subisse pas quelque crise. Cela n'empêche pas les bruits de circuler que nous partons incessamment. Si les hommes sont dans un mauvais état qu'arrivera-t-il ?

Non, non ! Il est impossible, avec des hommes qui n'ont jamais eu l'idée de ce qu'était le métier de troupier, d'improviser une armée en quelques jours.

Je vais m'expliquer mieux : comme hommes, cela est possible, les faits nous l'ont démontré ; mais comme résultat ! Pour un corps qui a marché carrément, dix, à la première alerte, ont été mis en déroute. Maintenant, questionnez ces fuyards, comme je l'ai fait, et demandez-leur le récit de leurs aventures. Quand ils arriveront au dénouement, ils vous donneront invariablement pour excuse de leur conduite : « Nous n'avions pas d'officiers « pour nous conduire hardiment au feu, alors nous » nous débandions ! Ou, nous étions dans un tel état « de mauvaise santé, qu'il nous eût été impossible de « soutenir une lutte, il était plus prudent de battre en « retraite. »

Joignez au mauvais résultat des succès obtenus, les sommes fabuleuses dépensées, et tous les malheurs qu'ils traînent à leur suite, on ne se fera encore qu'une petite idée des misères dont ces armées improvisées ont accablé le pays.

Ce dimanche se passa à peu près comme les suivants, à faire des adieux ou à se réunir entre légionnaires, soit à la brasserie Péguet ou tout autre établissement. Ces réunions ont un double but : 1° celui de se distraire ; 2° de fraterniser pour entrer en campagne comme frères, autant que les diverses positions de fortune ou d'instruction peuvent le permettre. D'autres en profitent pour se soigner.

Lundi 24 octobre. — A six heures et demie du matin, nous nous réunissons, comme lundi passé, sur la place St-Pothin, nous sommes une vingtaine de légionnaires ; à quelques exceptions près, ce sont les mêmes : Roustan, Mouterde, Ogier, Drevet, Brun (Jules), Huchard, Mias, Balland, Arquillière, Lesage, Janin et d'autres encore.

Nous faisons presque toute notre étape par une pluie battante, si bien qu'après avoir dépassé la Mulatière, nous étions très-bien *aspergés*. Nous faisons halte dans l'auberge qui se trouve aux dernières maisons et buvons le vin chaud. Le petit *Fallot* Huchard, aux applaudissements de tous, chante deux ou trois romances patriotiques qui ne manquent pas de bon sens.

L'heure de rentrer est dépassée, il ne faut pas se faire punir ; nous reprenons notre route, mais cette fois avec le beau temps. Maintenant les camarades ne manquent pas, le chemin en est couvert ; les omnibus ne suffisent pas, les fiacres se succèdent.

A quelque chose près, voilà l'aspect de la route tous les matins.

IX

Vendredi 28 *octobre*. — Cette fois, voici mon jugement, de ce que je pense de la légion. Ces jours-ci, nous avons encore fait d'agréables promenades militaires, d'exercice très-peu, brillant toujours par l'absence de ses officiers ; Lesage seul y assista, je crois, une fois ; Arnaud et moi sommes les seuls instructeurs de cette forte compagnie.

Les hommes, un certain nombre, ne veulent pas se soumettre aux commandements ; lorsqu'on leur fait une observation, ils ne savent que nous répondre : mais nous ne sommes pas soldats ! Les j... f..., je veux dire les malheureux, ne veulent pas comprendre qu'étant réunis cent cinquante, que n'ayant qu'une heure et demie d'exercice, s'ils passent ce temps en mauvaises observations ; si, lorsque l'on commence un mouvement, quelques-uns vont tranquillement *pencher de l'eau* ou *poser pantalon*, à quel résultat veulent-ils aboutir ? Ils disent qu'ils ne sont pas soldats. Ils ont raison ; s'ils continuent ainsi, ils n'y arriveront jamais, pas même à faire des soldats de parade, dont ils se moquent tant.

Cependant, s'ils ne sont pas soldats, pourquoi les a-t-on enlevés à leur famille ? Pourquoi leur a-t-on confié un chassepot ? Après leur avoir fait peser toutes les bonnes raisons possibles, beaucoup vous répondent encore : Non, nous ne sommes pas soldats. Mon ami Arnaud est, sur les rangs, ce qu'on appelle un troupier ; il est, dans ses observations, brusque, dur, ne connaît que la consigne, aussi il est généralement peu aimé ; je suis quelquefois témoin involontaire de plusieurs discussions peu agréables pour lui. Encore hier soir, nous nous promenions tranquillement dans Saint-Genis ; nous venions d'admirer une aurore boréale, ce que je n'avais pas encore vu (c'est le troisième jour que cela se répète) ; nous faisions demi-tour. qunad nous nous trouvons nez à nez avec Charles (Emile) et Coulon ; ils nous apostrophèrent d'une façon peu convenable, se faisant, dans leur discours, l'interprète de presque toute la compagnie. La conversation fut longue et animée, se réduisit à ce que j'ai dit ci-dessus : qu'ils n'avaient pas besoin d'être conduits sévèrement, qu'ils n'étaient pas soldats, se basant que tous avaient passé l'âge d'être rappelés, et que beaucoup, parmi nous, tels qu'eux, quittaient de très-belles positions ; qu'en conséquence l'on ne devait pas être strict avec des hommes qui, par le fait, sont volontaires.

Je leur réponds qu'ils ne peuvent se plaindre du *service*, puisqu'on n'en fait pas. Des *exercices*, le plus, jusqu'à présent, a été de deux heures par jour, et pas seulement tous les jours. De la *liberté*..... toutes les permissions possibles sont accordées ; eux-mêmes, plus que personne, doivent être bon juges là-dessus, puisqu'ils couchent en bons bourgeois à Saint-Genis, et font souvent des séjours prolongés à Lyon. Ce n'est pas pour *parader* dans les rues de Lyon que l'on a, pour beaucoup, brisé ou compromis leur carrière, c'est pour faire le métier de soldat. Et si on a fait des levées d'hommes ne connaissant rien à ce métier de soldat, c'est que la nécessité est là ; c'est pour lutter contre une armée jusqu'à présent victorieuse, et si nous voulons continuer la lutte, il faut apprendre ce métier de soldat, qui a ses principes, ses règles comme tout autre métier, comme toute science possible. Ce n'est donc pas un badinage que ces exercices, ces théories, et pour arriver à les comprendre, à pouvoir faire un troupier, il faut *surtout*, vu le manque de temps, beaucoup d'obéissance, et cela de tout subordonné sans exception, envers ses supérieurs.

Il est tard ; pour nous prouver réciproquement que nous ne nous en voulons pas, quoique pas plus d'accord qu'au début de l'entretien, nous allons dans un établissement boire une bouteille, et nous nous séparons.

Seulement, chemin faisant, nous combinons que nous, vieux *troubades*, ayant conscience de nos actes, nous ne pouvons rester dans les rangs de cette légion ; car, outre que les hommes ne veulent pas comprendre les ordres qui leur sont transmis, beaucoup de messieurs les officiers se rendent journellement incapables d'exercer le mandat qu'ils ont accepté, pour le peu de zèle qu'ils ont à instruire les hommes, et pour la facilité que quelques-uns d'entre eux, mettent à recevoir les mauvais équipements qui sont octroyés à la légion.

Le résultat de toutes nos observations est que, pour nous, la première légion n'est, après tout, qu'une garde nationale, avec ses bons et mauvais côtés, capable d'exécuter, par le fait du hasard, les plus belles manœuvres, le plus souvent les plus mauvaises. Pour d'anciens soldats, de tout cela, il est préférable de faire partie de l'armée active, car, en admettant que les chances de réussite soient identiques, on marche au moins, dans l'active, avec des réglements en vigueur ; l'homme gradé n'est pas continuellement en but à l'insulte du subordonné. S'agit-il de commander une manœuvre, elle est exécutée immédiatement, sans raisonnement aucun, de la part du subordonné.

Dans la légion, une manœuvre de cinq minutes de durée restera, pour s'exécuter, le double, quelquefois un quart d'heure, et même ne s'exécutera pas du tout, car chacun, avant d'obéir, commentera si cela est bon ou mauvais, et, selon leurs idées, marcheront.

Ce matin, nous obtenons une permission de quarante-huit heures pour Lyon ; nous nous rendons au bureau de recrutement, qui est à la caserne des passagers : là nous passons la visite du docteur, qui nous admet pour faire partie de l'ancien corps d'Arnaud, qui est le 2e régiment d'infanterie de marine, engagement pour la durée de la guerre.

Nous faisons part à ces messieurs de notre incorporation dans la 1re légion de marche du Rhône, et nous leur demandons s'il est utile d'avoir l'autorisation de notre colonel. Pour toute réponse, ils haussent les épaules, en nous disant qu'ils n'avaient rien à débrouiller avec notre colonel, et que tout citoyen qui désirait se rendre utile à la patrie, devait prendre, comme nous, la détermination de faire partie d'un corps actif.

Arrivés aux Brotteaux, nous allons chacun chez nous, après nous être donné rendez-vous pour dimanche.

A la brasserie, je vois peu de camarades. Arnaud vient tout triste : Tu sais, me dit-il, j'ai mon père au lit, gravement malade. Il s'oppose formellement à ce que je parte. — Eh bien ! nous ne partirons pas, lui répondis-je. De mon côté, des personnes sérieuses m'ont fait observer que, sous peu de jours, nous allions partir, qu'alors nous prendrions part à la guerre, et que si nous allons à Brest, avant d'être équipés seulement, nous resterons peut-être deux mois dans l'inactivité. Ainsi, à la 1re légion nous sommes, à la 1re légion il nous faut rester. Et qui sait? Malgré les vices d'organisation qu'elle possède, ce sont des hommes dans la force de l'âge; peut-être, lorsqu'il le faudra, ne reculeront-ils devant aucun danger. D'ailleurs, d'après l'opinion générale, cette situation ne peut se prolonger indéfiniment ; donc une mutation, dans cette circonstance, n'est même pas convenable.

L'amitié qui nous unit, Arnaud et moi, fut cimentée par une circonstance bizarre : un jour de cette semaine, comme cela nous arrivait quelquefois, nous allâmes passer une soirée dans une famille de ma connaissance; dans le cours de la conversation il rappela de lointains souvenirs de famille qui invoquèrent les miens ; et en sortant je lui dis : mais les Arnaud ne sont-ils pas cousins avec les Brun ? parfaitement, me dit-il, nous sommes bien cousins, et, depuis plus d'un siècle, nos familles sont unies par plusieurs alliances.

Lundi 31 octobre. — A sept heures, je vais trouver Lesage avant qu'il parte de chez lui, pour monter à Saint-Genis ensemble. Il fait mauvais temps, nous prenons l'omnibus ; à trois heures nous reprenons la route de Lyon ; nous avons permission pour demain. Seulement, il faut être rentrés à l'appel du soir en cas d'ordre de départ.

Mardi 1er novembre. — Dans la journée, Lesage m'avertit que le rendez-vous des camarades pour monter à Saint-Genis, était ce soir à neuf heures au 19e siècle, café Berger ; j'y suis le premier ; successivement MM. Janin, Charvériat, Roustan, Mouterde, Drevet et Augier. Comme nous partions, Lesage nous rejoint ; au lieu de reprendre tranquillement la route de Saint-Genis nous faisons escapade; nous allons à l'Eldorado, le spectacle est intéressant, le public nombreux; nous serrons la main à plusieurs camarades, il est près de onze heures, et nous *décarrons*. Dehors, après une délibération orageuse, il est adopté que nous montons en fiacre pour nous rendre à destination, deux qui se trouvent encore sur la place Bellecour vont faire notre affaire; nous prenons place, et fouette cocher. Ah! bien oui! — nous ne sommes pas encore arrivés. Nous n'avons pas fait cinq minutes de chemin sur le quai de la Charité, qu'un de ces messieurs, qui a des amours, comme qui dirait une bonne dans un café, nous fait faire une dernière halte.

Il est bien tard lorsque nous arrivons; nous nous étendons sur nos paillasses harassés de fatigue.

Samedi 5 novembre. — Depuis hier je suis à Lyon; ce soir, sur les sept heures, je retournais à Saint-Genis, quand, sur la place Impériale, je rencontre M. Joly, mon lieutenant, qui m'apprend que la légion avait la permission jusqu'au lendemain soir. Bravo! — C'est toujours un jour de famille à prendre en passant; nous nous séparons en nous donnant une poignée de mains. Je change l'itinéraire de ma promenade, je passe sur le quai de Saône, dans la rue Bourbon en revenant par la rue Impériale; dans le parcours de ma promenade, je rencontre de nombreux détachements de légionnaires venant de Saint-Genis, quelques-uns de ces détachements sont assez forts. Ils sont tous équipés de pied en cap prêts à partir; il paraît que cela les rend joyeux, car ils chantent à tue-tête. Tout le monde se met aux fenêtres et sur les portes de magasins pour les voir défiler.

J'en questionne quelques-uns pour savoir comment s'est passée la journée d'hier et d'aujourd'hui; la réponse est qu'ils ont manœuvré deux fois par jour. Que M. Valentin, notre commandant, est sévère de plus en plus; que notre départ est toujours à l'ordre du jour.

C'est la première fois que je nomme M. Valentin, je vais parler un peu de son arrivée à notre légion.

Il était capitaine au 27e de ligne; son régiment est un de ceux qui ont capitulé à Sedan. Il fut, ainsi que plusieurs de ses camarades, mis en liberté, avec condition de ne plus tirer l'épée contre la Prusse... Ces jours-ci lui et ses camarades entrèrent, avec l'assentiment de nos officiers, dans notre légion. Cet officier, de prime-abord m'a convenu, car pour moi il résume le type de l'officier soldat. Une physionomie énergique, élégant, marchant et parlant en soldat. Voilà comment il faudrait que tous nos officiers fussent. M. Valentin, préfet de Strasbourg est son frère.

Le premier soin de notre commandant, fut de vouloir nous inculquer la discipline du soldat, tâche des plus difficiles, et qui lui devint encore plus difficile, par suite d'une série de circonstances pénibles. Voici, à quelque chose près, les faits tels qu'ils se sont passés.

Un certain nombre de légionnaires avaient de leur autorité privée, fondé un club dès les premiers jours de notre arrivée à St-Genis; la date, je ne la saurais donner positive. Ils discutèrent dans leur réunion tous les abus qui se sont manifestés les uns après les autres : ce club avait son bureau. A la suite de l'entrée dans la légion de tous les officiers du 27e, ils dressèrent un procès-verbal de tout ce qui leur parut peu régulier; si je m'en rappelle, il avait plus de trente articles. Une députation fut nommée pour remettre au préfet M. Challemel-Lacour, ce procès-verbal, avec recommandation de le prier de faire droit à leur réclamation.

Maintenant voici le résultat qu'eut cette démarche pour toute la légion. Un de ces jours nous étions à l'exercice, il était presque l'heure de partir, lorsque l'on nous fait former une espèce de carré, M. Valentin au centre, officiers et sous-officiers près de lui : l'arme au pied nous attendons impatiemment quelle nouvelle veut nous apprendre le commandant.

Il commence par nous dire qu'il était entré à la légion, ainsi que ses camarades, avec l'assentiment des officiers que nous avions nommés ; que nous n'avions à ce sujet aucune réclamation à faire... Cela dit, il déploya un papier qu'il froissait entre ses doigts, et d'une voix de stentor, nous tient à quelque chose près le discours suivant :

« Citoyens ! Des fainéants ont protesté contre notre admission dans la légion, se basant que des officiers ayant rendu leur épée n'étaient plus aptes à s'en resservir. Je ne vous ferai pas lecture de ce rapport dans son entier, car les fainéants qui ont écrit cela ont eu la patience de le diviser en trente et quelques articles ; mais ce que je vous dirai, c'est que ces hommes, j'en suis certain, ne sont capables d'aucune action loyale, généreuse. Ces hommes qui, au début de notre organisation, sèment la discorde, ne seront capables, une fois en marche, une fois devant l'ennemi, que de se cacher !... De fuir !... De piller !... Que sais-je ? (Elevant encore la voix)... De faire enfin tout ce qui est du ressort des lâches !!! Les j..... f..... Ils n'ont pas eu le courage de signer leur pétition, ils se sont couverts du voile de l'anonyme, mais je les trouverai ! Tas de c....... !!! »

Nous rentrâmes à la caserne tous silencieux, réfléchissant au speech de M. Valentin qui nous a tous blessés, vu qu'il parlait presque constamment au pluriel. Puis : quoique ce procès-verbal contint plusieurs articles, que certes le comité aurait pu omettre, il y en avait pas mal de fondés. Enfin, ce comité dont je n'ai jamais su le nombre exact : je le fixe à environ cent, sur trois mille que nous étions dans la légion, on n'est pas tous des voyoux !

Ce n'était pas utile qu'il se serve de pareilles expressions.

Depuis j'ai su que c'était M. le préfet lui-même qui avait conseillé à la commission de ne pas signer la pétition, se basant qu'ils étaient (quoique faisant partie des levées) des soldats ! Et que les lois pouraient bien être sévères à leur égard, si la pétition n'était pas approuvée. Il les congédia en leur disant que d'ailleurs il saurait les trouver s'il avait besoin d'eux.

Dimanche, 6 novembre. — Sur les dix heures, je suis sur la place Louis XVI. Toute la garde nationale des Brotteaux formant le 16ᵉ bataillon, s'y trouve; je n'abonde pas de dire bonjour. Ils vont en promenade militaire, je pars avec eux.

Dans leur musique, je reconnais une partie des membres de l'*Harmonie du Rhône;* ces Messieurs me font l'offre de venir nous accompagner le jour de notre départ, par conséquent, que je fasse part de la proposition à notre colonel, et avec plaisir je me charge de la commission ; il est convenu que si c'est adhéré, la veille du départ j'enverrai un billet à un de ces Messieurs.

Pour rentrer à St-Genis, je pars avec Imbert Pierre nous nous conduisons à peu-près aussi sagement que mardi passé, nous prenons le chemin de l'école : de la brasserie Péguet au café Matocci ; du café Berger, à la brasserie Georges, une vraie vie de soldat, plus de soucis ! Imbert chante un air d'opéra. Quelques légionnaires que nous avons racolés font chorus ! C'est un véritable chœur infernal.

Nous arrivons bien avant dans la nuit, dans un état qu'il est bien heureux pour nous que ce ne soient pas nos parents qui nous ouvrent la porte. Que voulez-vous, c'est le métier de soldat.

Mercredi, 9 novembre. — Je crois cette fois que notre départ, d'état de projet qu'il a été jusqu'à présent, va devenir une réalité. Notre cantinier emballe tous ses ustensiles ; nous allons, lui a-t-on dit, à Villefranche ; outre les préparatifs du cantinier, une masse de précautions relatives aux armes, à la chaussure, à l'équipement et autres encore, se prennent, comme cela se fait lorsqu'un régiment va rentrer en campagne.

Tout cela n'empêche pas que notre départ ne nous est pas encore annoncé officiellement. Ce qu'il y a d'officiel, c'est que demain nous allons sur la place Bellecour à midi, toute la légion, pour passer une grande revue par le général Bressolle ; le préfet y assistera. Des légionnaires supposent, comme le bruit en a couru ces jours-ci, que nous irons après, camper au grand-camp. M. Valentin, à qui j'ai fait part de l'offre de la musique de la garde nationale des Brotteaux, me répond qu'il n'y a pas d'ordre précis pour partir, puis, que nous nous trouvons dans des circonstances où il est inutile de faire du fla fla.

Ces jours-ci nous avons eu les quelques mutations suivantes ; le caporal Roustan a passé secrétaire du colonel Barthélemy, commandant la 3e légion du Rhône qui est en voie de formation ; Celleri a passé à la 2e légion ; Devaux dans l'artillerie; Raymond est en permission pour deux mois.

Pendant que j'en suis au rétrospectif, je rappellerai une drôle de cérémonie que nous avons eue il y a quelques jours, et que je ne veux pas oublier, parce que si elle s'appliquait à tous ceux qui le méritent, nous aurions pas mal de parades à assister. Voici : c'est un légionnaire qui a volé; on ne le fait pas passer au conseil, seulement à l'appel d'onze heures, au milieu de la cour du couvent, on le fait placer sur une estrade, les deux mains attachées derrière le dos; il est porteur de deux grandes étiquettes, une sur le dos, l'autre sur la poitrine, sur lesquelles est écrit en grosses lettres : Voleur ! M. Celler y assiste; il prononce quelques paroles où il fait sentir au voleur tout ce qu'il y a de dégradant dans son action; il termine en disant : qu'il désirait qu'à l'avenir si pareille chose se renouvelait que l'on fasse de même; que les légionnaires entr'eux maintiennent l'ordre, en un mot *l'honneur du corps !...*

Cela dit : il tire son épée et commande le défilé. Tous, nous défilons devant lui. Le pauvre diable pleure !

Ce soir, à la cantine, nous bâtissons mille châteaux en Espagne, sur la vie nouvelle que nous allons mener. Le cantinier Guinet est content d'emmener son bazar ; jusqu'à ce jour il n'avait pu obtenir la permission de nous suivre comme cantinier. Cela ne nous fait pas grand-chose ; cependant il nous sert un ordinaire des plus confortables pour la somme de soixante-quinze centimes, que l'on juge : deux repas, et à chaque la carte suivante : potage, un plat de gras et un plat de maigre dans lesquels nous pouvons *piocher* à volonté, plus deux ou trois desserts, pain à volonté. Seulement voilà, la propreté manque ; le patron et le garçon Grivet ne font pas grand usage d'eau et de savon pour leur personne, et tout le reste de l'établissement est à l'unisson. Jusqu'au local qui était avant, je crois, le laboratoire des frères Maristes, l'air y est infect ; si les croisées ne sont pas ouvertes, ça vous *coupe* l'appétit.

Le seul charme de ce *cabanon*, c'est d'avoir une belle vue.

Assis, tout en mangeant, on a le loisir d'admirer un magnifique paysage : à gauche, c'est une portion de Lyon droit devant nous ; le village d'Irigny, le Rhône, Saint-Fons ; dans le fond du paysage, la belle chaîne de montagne des Alpes ; à droite tout près, quelques collines qui n'ont rien d'extraordinaire complètent le coup-d'œil.

Les sous-officiers qui ont commencé l'ordinaire dans cette cantine, furent ceux de la quatrième et de la cinquième compagnie ; quelques jours après, ceux de la troisième compagnie vinrent nous faire serrer les rangs. Ces derniers jours, je crois qu'il en vint encore, mais nous n'eûmes pas le temps de faire connaissance avec eux : de la quatrième, Mossère, sergent-major, Clermont, fourrier, Dulac, Martin, Champt ; nous sommes maintenant des camarades, le sergent Millet, je n'en parle pas : nous sommes des amis il y a des années. Avec ceux de la troisième compagnie, nous avons fait connaissance, nous sommes très-polis mutuellement ; mais nous ne sommes pas arrivés à être de francs camarades. Nous quittons la cantine pour gagner notre lit, la soirée a été bien employée au profit du père Guinet.

X

Jeudi 10 novembre. — Ce matin, nous n'avons que l'ordre d'aller sur la place Bellecour, pour être passés en revue. A neuf heures, je suis sac au dos; et depuis que je suis debout, je n'ai pas abondé de faire voir aux hommes comment il fallait s'y prendre pour faire un paquettage solide, et à peu près réglementaire. Car il est bon de dire que chacun emporte, outre ses effets d'ordonnance, presque le double d'effets non réglementaires. Cela fait que quelques-uns ont des sacs qui simulent à quelque chose près, le bazard d'un marchand de bric à brac. A dix heures, nous partons : le troisième bataillon vient avec la couverture en sautoir, nous laissons à la caserne quelques hommes malades, ainsi qu'un certain nombre, auxquels on n'a pu procurer ni souliers leur allant, ni vêtements à leur taille. Du nombre des malades, il y a Kalendry, lequel, quoique ne pouvant marcher, veut absolument venir avec nous. Il pleure, rien qu'à la pensée du cas, où il serait obligé de nous quitter; vu ce gros chagrin, les officiers le laissent suivre.

Nous arrivons sur la place Bellecour par la rue Bourbon, il y a foule de monde, des bataillons de la garde nationale y sont; après bien des marches et des contre-marches, nous voilà en ligne de bataille; par ci, par là, quelques légionnaires ont reçu, et reçoivent encore des fleurs. Voici les clairons qui sonnent au champ, c'et le général Bressolles et le préfet Challemel-Lacour.

Ces messieurs, suivis d'un fort état-major, composé

d'officiers de l'armée active, de mobiles, et d'une plus grande quantité d'employés de la Préfecture, d'autres encore, appartenant à je ne sais quelle administration. Dans les officiers de mobiles, je vois M. Faurax portant l'uniforme et les insignes de Lieutenant d'état-major. Ce même jeune homme, je l'ai vu rejoindre comme simple mobile, le 15 août, au camp de Sathonay. Diable, cela donne à réfléchir, l'avancement marche rapidement à ce qu'il paraît. Je n'aperçois rien autre de surprenant, si ce n'est que derrière nous, les parents et amis nous serrent de près, et nous empêchent de rester tout à fait dans cette belle immobilité réglementaire du soldat, présentant les armes, pendant qu'il est inspecté par ses généraux; et que les clairons, les tambours, les musiques sonnent, battent et jouent aux champts. Enfin, on nous fait reposer sur les armes; et tous les officiers sont réunis au centre. Les chefs supérieurs les tiennent en conférence, pendant peut-être plus d'une heure.

Pendant ce temps, chacun sort des rangs pour faire ses adieux ; car le bruit se confirme que nous partons. Ceux dont les parents et amis ne sont pas présents ; vont se rafraîchir, cela fait qu'après quelques minutes de repos, les rangs sont tellement éclaircis, qu'il n'y a presque plus personne, pour conserver l'alignement général. Miaz, Bouchitet, Mouterde, Arnaud, sont en famille. Ce dernier me présente à ses parents ; à mon tour, voici mon père, entrons à la maison Dorée faire nos adieux.

Les clairons sonnent le garde à vous. Nous nous mettons en ordre avec assez de difficulté ; et nous exécutons un défilé assez passable. Arrivés à la sortie qui se trouve vers l'ancienne place Léviste, nous sortons et suivons la rue Impératrice, une foule compacte forme la haie, nous tournons à gauche dans la rue Grenette jusque sur le quai Saint-Antoine. Nous traversons le pont de Pierre, et nous suivons les quais de Saône jusqu'au pont de Serin ; arrivés là, nous défilons devant le bataillon de la garde nationale qui nous a ouvert la marche, musique en tête. Le pont de Serin dépassé, nous faisons halte, formons les faisceaux, et déposons nos sacs à terre. Nous n'avons pas de temps fixé pour la durée de cette halte, le temps se couvre, quelques gouttes d'eau tombent : il se fait tard, ce qui occasionne pour la centième fois, depuis ce matin, de nous poser cette question : que va-t-on faire de nous ? Nous voyons une compagnie qui passe le pont Mouton, et retourne à Lyon ; cela fait supposer que nous allons retourner à Saint-Genis, quelques-uns disent que nous devons rompre les rangs, et que chacun passera cette soirée et la nuit chez ses parents, le départ serait renvoyé à demain matin, voilà les clairons qui sonnent le garde à vous, ce qui va probablement nous fixer sur ce que nous allons faire.

Nous sortons de Lyon, par la grande rue de Vaise, et prenons la grande route de Paris. A la sortie de l'aqueduc du chemin de fer, nous rendons les honneurs militaires aux cavaliers de la garde nationale, qui, comme on le voit, nous ont fait la conduite jusqu'aux portes de notre Lyon.

Nous recevons l'ordre de prendre le pas de route, la route ne fait que monter ; les hommes étant presque tous en gaieté, la montée pénible à gravir ; avec cela, depuis ce matin neuf heures, le sac au dos, la confusion existe bientôt. Pas mal d'hommes restent derrière, ou se mettent dans les rangs d'autres compagnies qui ne sont pas les leurs. Nous traversons ainsi les villages de Champagne, Lisieux, Limonest ; dans ce village, hormis la 5ᵉ compagnie, la légion y arrive dans un désordre complet.

Depuis longtemps il fait grande nuit ; là deux compagnies reçoivent l'ordre d'aller coucher aux Chairs (c'est la 5ᵉ et la 6ᵉ compagnie).

Au même moment, un autre officier donne l'ordre aux hommes de faire halte pour prendre un repas avant d'aller plus loin. Un autre officier survient et nous commande de repartir immédiatement. Ces commandements divers, dans un moment où la plus grande confusion régnait, car presque toutes les compagnies étaient pêle-mêle, soit dans les rues ou sur la route, firent que nous sortons de ce village, environ la moitié de la compagnie.

Nous faisons le restant de notre étape péniblement, nous sommes fatigués ; aussi, pour nous donner du jarret, nous ne décessons de chanter toute espèce de *balançoires*. Augier, Lesage, Mouterde, Arnaud, enfin *tous*; c'est à celui qui donnera l'exemple de tenir bon, pour pouvoir arriver un nombre respectable au cantonnement.

Le village aux Chairs est grand et me fait l'effet d'être pourvu de tout le confortable que puissent désirer des hommes harassés, c'est-à-dire de pouvoir se procurer une collation et une botte de paille.

Nous sommes logés à l'hôtel de l'Ecu de France ; les officiers et sous-officiers dînent ensemble, moi je mange avec les hommes. Après ce repas, quoique bien fatigué, je vais avec Balland, Arnaud et Mouterde prendre le café, suivi d'un vin chaud, dans une auberge voisine. Il pleut maintenant : nous avons eu la chance d'y avoir échappé pour faire notre route, sans cela nous ne serions peut-être pas arrivés si nombreux. La 6e a eu moins de chance que nous, ils sont arrivés seulement représentés par M. Visel, sous-lieutenant, et six hommes.

Enfin, il est l'heure de se reposer Arnaud, Mouterde, quelques autres et moi, nous avons élu notre domicile dans une grange qui n'a presque point de toiture; tout habillés, nous nous enfouissons dans la paille, un mouchoir sur les yeux, pour les garantir de la fraîcheur de la nuit. Nous nous souhaitons bonne nuit, encore quelques plaisanteries d'échangées, et dix minutes après nous dormions tous d'un profond sommeil.

Vendredi 11 *novembre.* — Le jour nous trouve tous debout; quelques-uns sont bien un peu courbaturés, mais ils prennent la chose en plaisanterie, car tout ce qui est nouveau est beau ou plaisant. Nous avons notre heure de départ pour neuf heures et demie; nous en profitons (quelques-uns) pour nous débarbouiller à fond, et ensuite d'ôter les brins de paille qui couvrent nos vêtements. Cela fait, nous déjeunons ensemble, officiers et sous-officiers des deux compagnies.

A l'heure dite, nous partons; la route est bonne, mais le temps n'est pas beau; nous faisons grande halte à Anse; avec Arnaud, nous allons faire halte dans un café qui est près d'un vieux château. Au rappel des clairons, nous rejoignons nos faisceaux avec une bonne pluie, le rassemblement est très-long à se faire; cependant nos officiers arrivent, à quelques exceptions près, à réunir leurs hommes, alors nous continuons notre route; il nous reste très-peu de chemin à faire pour arriver à Villefranche, cela se rencontre bien, car les hommes sont fatigués.

Nous n'y sommes pas reçus avec enthousiasme ; l'on nous fait faire un grand parcours dans la ville ; la 4e et la 5e compagnie sommes domiciliés dans un théâtre café-concert, les autres compagnies sont logées un peu partout.

Villefranche n'a pas l'air désagréable, possède quelques monuments et paraît bien commerçant.

Dans notre logement nous n'y sommes pas bien, comme commodité de pouvoir s'orienter pour trouver un coin où l'on puisse s'étendre, sans que les camarades aient à vous passer sur le ventre ou sur les pieds ; avec cela, les distributions de l'administration, soit pour la paille ou les vivres, laissent à désirer, cela fait que presque *tous* nous nous plaignons ; quelques uns poussent leur mécontentement plus loin, c'est-à-dire qu'ils se livrent à des actes contraires à la discipline ; on les met en prison ; sur le moment nous n'y faisons pas grande attention. C'est l'heure du dîner ; nous allons un grand nombre remplir les restaurants, auberges ou cafés de Villefranche. De la compagnie, Arnaud, Bender, Darier, Vincent, etc., etc., au moins une quinzaine, sommes de ce nombre. Après notre dîner, nous allons visiter la la grande rue, qui est très-jolie et très-vivante. Nous entrons prendre le café dans un des plus beaux établissements ; là nous voyons des légionnaires qui sont gris, à ne pouvoir ni parler ni se tenir droit. Dans les rues nous en avons déjà vu un grand nombre dans le même état ; c'est affligeant de voir ces hommes ainsi, d'autant plus que quelques-uns d'entre eux se livrent à des actes de brutalité, en paroles et en gestes, avec les civils et même avec de leurs camarades ; il leur sera impossible d'échapper à quelques fortes punitions. Tous ces individus, qui sont en état d'ivresse, je fais la remarque que ce sont presque tous ces mêmes hommes qui voudraient s'arroger le droit de tout censurer et organiser les choses à leur point de vue, mais, mon Dieu! à quel point de vue?

Si je doute de la bonté de leur plan d'organisation, c'est que je ne les vois jamais, en quelle occasion que ce soit, faire bon service, et avoir, vis-à-vis de leurs camarades, des procédés honnêtes, pour faire part des observations qu'ils veulent ou qu'ils ont à transmettre.

De bonne heure, nous rentrons pour prendre un peu de repos; dès notre entrée dans notre caserne improvisée, il est facile de se rendre compte que nous ne pourrons guère reposer, les hommes font un tapage infernal, de plus, il fait assez froid, et la paille n'est pas abondante, beaucoup même n'en ont pas du tout. Cela occasionne à un grand nombre de découcher, quoique cependant l'ordre du jour ait été sévère à cet égard. Dans presque tout le casernement, chacun commente à sa manière l'arrestation du légionnaire Myon, qui est de notre compagnie.

Dans ce moment, il est dans la prison de ville, à ce que je puis comprendre; il doit cela, un peu que l'on est très-mal, et que nos supérieurs n'ont rien fait pour y remédier, un peu au capitaine Petit, ainsi qu'à son caporal Viennet, et enfin, au rapport d'un maréchal-des-logis de gendarmerie, témoin du geste, lorsque Myon dégaîna son sabre.

Lorsque je me couche définitivement, étendu tant bien que mal sur le plancher, j'entends chuchoter que la cour martiale est assemblée pour juger les prisonniers. Ces mauvaises impressions font que je m'endors difficilemen .

XI

Samedi 12 novembre. — Au milieu de la nuit, je suis réveillé par le capitaine Janin, qui est accompagné de son sergent-major Drevet, pour me demander si je savais où étaient logés le caporal Brun (Jules), et Poulet, le premier, parce que c'était le seul témoin à décharge que pouvait avoir Myon, comme étant son caporal d'escouade; le second, à titre de renseignements; ainsi qu'il fallait les trouver. Impossible d'y arriver; le sergent Bernard prend plusieurs hommes, fait patrouille dans tout Villefranche, fouille toute espèce d'établissement et ne trouve rien.

Il n'est pas jour que je me lève bien fatigué; je vais rendre visite à la deuxième section de la compagnie, qui est logée chez M. Léra; dans ce logement l'eau y est en abondance, avec cela chaude, nous en profitons un grand nombre pour nous débarbouiller. C'est en faisant cette opération que j'apprends que notre pauvre Myon est condamné à mort, ainsi que deux autres, et qu'ils vont immédiatement subir leur sort. En effet, sur les huit et neuf heures, arrivent de Lyon de forts détachements de gendarmes, de cuirassiers et d'artillerie, puis en infanterie le 6ᵉ chasseurs à pied, le 71ᵉ de ligne, et les trois mille *moblots* de la Gironde; nous, nous suivons les derniers, sans armes, bien tristes, le cœur navré, au lieu du supplice. Presque tous maudissons le colonel Celler... Avant de nous mettre en marche, le capitaine Janin, le lieutenant Joly, le sous-lieutenant Lesage, furent vers le commandant Valentin, demander en leurs noms, ainsi qu'en celui de toute la compagnie, la grâce de notre camarade Myon ; il répondit d'un ton sec que cela ne se pouvait pas...

Sur les dix heures, les détonations maudites se font entendre : comme échos nous ne jetons qu'un cri d'horreur !... Quelques-uns pleurent !...

Il y en a un qui n'est pas tué, il demande grâce !.. Tous avec lui répétons grâce ! grâce !... A notre demande l'on ne répond que par un second feu de peloton, et tout est fini !...

Le défilé commence, c'est la rage dans le cœur que nous regagnons nos quartiers.

Sur les midi, les quartiers sont consignés ; nous avons ordre de partir pour aller rejoindre les camarades sur le théâtre de la guerre ; notre point de direction est, dit-on, Chagny ; nous faisons nos préparatifs de départ, bien en désordre, personne n'a la tête à ce qu'il fait. Presque tous, écrivons à nos parents, pour les rassurer sur notre sort ; un grand nombre le font par dépêches télégraphiques, d'heure en heure nous nous attendons à partir.

Un habitant me raconte qu'un des cuirassiers présents se trouvait d'être le frère d'un des condamnés. Au feu de peloton il est tombé mal ; quelques heures après il expirait ! Il n'y aurait encore rien d'étonnant que quelques-uns des parents, à la nouvelle de ces exécutions, le chagrin leur fît le même effet. En somme c'est bien triste.

L'après-dîner, la soirée et la nuit, se passent sans recevoir d'ordre de départ ; tout habillé je me suis couché, il a bien fait froid, ce qui fait que la plupart nous nous levons tout courbaturés et tout grelottants, comme presque tous font. Miaz et moi allons boire un bouillon bien chaud pour nous remettre.

XII

Dimanche 13 novembre. — A huit heures nous partons; nous avons une partie de la ville à traverser pour nous rendre à la gare du chemin de fer. Dans le même compartiment nous sommes les suivants : Mouterde (caporal), Bonnard, Bonhomme, Palluy, Martin, Coque, Desroche et moi. Ces hommes sont tous de la première escouade.

Ce ne fut pas une petite affaire que d'arranger les fourniments; cependant nous y arrivons, mais non sans blesser les susceptibilités de quelques-uns, car tous auraient voulu avoir leur sac placé en évidence, et non traînant à terre comme cela arrive à quelques-uns. Ce travail pas plutôt terminé, et à peine en route, que déjà quelques-uns commencent à s'installer pour goûter, les uns c'est du vin, d'autres du fromage, de la viande, des fruits qu'ils tirent de leur sacoche, et de faire circuler lesdites denrées.... C'est à celui qui fera le plus de politesses; après c'est le tabac, le cigare, puis viennent les causeries qui ont pour thème invariable de faire des suppositions sur nos succès à venir; pour les relations amicales qui existeront entre nous, non-seulement pour le présent, mais encore pour l'avenir, lorsque chacun sera chez soi; et en fin de compte, de terminer en tous dormant, puis de recommencer ainsi de suite jusqu'à destination.

Un autre passe-temps a habituellement lieu, qui est de chanter et les clairons de faire tintamare; comme nous sommes généralement tristes, d'après ce qui s'est passé hier, cela empêche ce genre de distraction.

Arrivés à Chalon, on nous annonce une halte de cinquante minutes ; à peine pied à terre, contre-ordre ; il nous faut remonter dans nos vagons et repartir immédiatement.

Jusqu'à présent nous avons presque continuellement parcouru un joli pays, belles plaines, jolis coteaux, pas mal de villages, et la Saône serpentant à travers le tout. Nous remarquons aussi dans tous les villages ou petites villes, des travaux de défense, établis pour résister en cas d'invasion prussienne.

Après Chalon, la première station est Fontaines ; là nous voyons sur une vaste habitation, le premier signe distinctif qui nous renseigne que nous ne sommes guère éloignés de l'ennemi....

Ce sont des drapeaux internationaux qui flottent, et qui indiquent que cette maison est une ambulance. Dans la cour se promènent des docteurs, des infirmiers portant tous le brassard ; par-ci par-là plusieurs arrières-trains d'artillerie, et quelques voitures d'ambulance, ayant toutes l'écusson de l'international peint sur l'un des côtés, et portant encore devant, au-dessus du siége, deux drapeaux internationaux ; cette croix rouge sur fond blanc est d'un effet assez original.

Notre seconde station est Chagny (16 kilomètres de Chalon) ; nous y arrivons à une heure et demie, et débarquons. Il y a de la boue à ne savoir où mettre les pieds, la gare est encombrée de mobiles de plusieurs départements, tous plus malpropres les uns que les autres, des vêtements tout déchirés, de la boue jusqu'au képi et très-mal armés. Tous les alentours et l'intérieur de la gare sont encombrés par toute espèce de matériaux de guerre, caissons, canons, voitures, bagages et vivres...

Nous entrons dans l'intérieur de la ville, c'est grand. Mais de la boue; sans exagération un demi-pied; je crois que nous ne tarderons pas à ressembler aux mobiles que nous avons rencontrés.... Nous coudoyons des soldats de toutes armes, des gendarmes fourmillent autant que des *moblots*, puis du 3ᵉ chasseurs à pied, du 2ᵉ lanciers, et des chasseurs à cheval, équipés à s'y méprendre comme les chasseurs d'Afrique. Arrivés à l'extrémité de la ville, nous formons les faisceaux et on nous annonce une heure de grande halte.

Avec Arnaud, Balland, Darrier, Vincent, Bernard et Bender, nous allons ensemble à la cantine de gendarmerie; nous comptions avoir trouvé un bon coin, tandis qu'il en fut autrement. Malgré toutes nos prières, nous ne pouvons obtenir que du vin; la cantinière qui, entre parenthèse, est une belle brune, très-élégante, nous dit pour excuse que les mobiles leur ont tant joué de mauvais tours, que, les provisions épuisées, ils n'avaient plus cherché à se réapprovisionner, et que maintenant il leur était indifférent que les Prussiens viennent, car il est impossible, ajouta-t-elle, qu'ils nous fassent plus de mal que MM. les Français.

La marche de la légion sonne, nous allons reprendre nos places aux faisceaux, nous attendons longtemps l'ordre du départ. Pendant ce repos forcé dans la boue, passe une calèche découverte, devant et derrière il y a une escorte de lanciers. La calèche est occupée par un général et un aide-de-camp; lorsqu'ils passent devant nous un paysan barrait la route, vu le mauvais chemin, et étant endimanché il ne savait plus de quel côté tourner.

Le général le sortit de son indécision en lui flanquant un bon coup de fouet. Cela me fit songer aux manières de faire de nos anciens seigneurs.

Nous voilà en route en pleine campagne, tout le long de notre étape nous traversons des campements, ici ce sont les mobiles du Cher, là, ceux de Bordeaux, puis le 42e infanterie de ligne et d'autres encore. Dans plusieurs endroits, principalement où la route se trouve d'être en contre-bas, se trouvent des campements d'artillerie, ils attirent l'attention de tous et en définitive c'est un coup d'œil qui ne manque pas d'originalité, de voir ces toutes petites tentes servir d'abri à ces grands gaillards d'artilleurs ; de voir ces hommes peu habitués aux soins du ménage, les uns lavant leur linge, d'autres, sur le rebord du fossé, faire la cuisine tout en faisant sécher le linge des camarades : et enfin près des pièces le factionnaire, l'homme martial, l'artilleur, guettant s'il aperçoit quelque chose à l'horizon.

Arrivés au village de Chaudeney, nous le dépassons et allons prendre position à environ un kilomètre, dans les plaines près du château de Chaudeney. La nuit est venue, nous recevons l'ordre de former les faisceaux, et de dresser les tentes ; sitôt la mienne construite, je m'y réfugie, installe un chandelier et j'écris.

J'ai pour camarade de tente Janin, Lesage, Drevet, Arnaud, Bender et Bernard. Quoique la terre soit bien humide, je m'endors assez vite ; dans la nuit une forte bise s'élève, elle est bien froide ; sur les trois heures je me lève, impossible de rester couché plus longtemps.

Lundi, 14 novembre. — En face des faisceaux sur le front de bandière, il y a un gros feu de bivouac, attisé par les hommes de la compagnie, un saule énorme est couché autour et sert de canapé ; je m'y installe avec Arnaud ; dans toutes les directions nous apercevons des feux pareils au nôtre, l'on entend tout autour du camp la manœuvre des hâches abattant les arbres. Ma foi, les pauvres paysans ne doivent pas être à leur affaire. Après m'être un peu réchauffé ainsi qu'Arnaud, nous travaillons à rectifier le rang de taille de la compagnie ; d'autres, et Mouterde est du nombre, écrivent au crayon des lettres à leurs parents à la lueur des feux de bivouac ; de temps à autre, la bise fait tourbillonner l'épaisse fumée qui s'élève de notre feu et nous aveugle pour quelques instants.

Voici le jour, le ciel nettoyé de tous vilains nuages ; bientôt le soleil nous montre sa jolie *frimousse*. Quelques instants après, nous voyons déboucher à l'horizon une tête de colonne de troupes françaises, venant à ce que l'on dit des environs de Verdun, ils se dirigent à Chagny ; le défilé dure toute la journée, il passe de toutes armes, infanterie, cavalerie, artillerie et les bagages.

Cette après-dîner je vais avec Charvériat faire un tour au village de Chaudenay ; nous voyons tous les prés, autant que la vue peut s'étendre, occupés par les troupes. Dans notre promenade nous voyons des groupes impossibles ; entr'autres un d'officiers, lequel se trouve dans un fossé, ils cassent la croûte ; les uns, étendus sur le revers du fossé, rient à gorge déployée de ce que de leurs camarades caressent la cantinière ; quelques-uns silencieux ayant des figures impassibles, suivent sans sourciller toutes les singeries de leurs camarades. Tous sans exception sont comme leurs hommes, crottés de la tête aux pieds, quelques-uns avec des vêtements tout en guenilles et pour la plupart, les costumes d'ordonnance n'existent plus. Malgré toute la défectuosité de leur tenue, soit comme propreté et mise en scène, quelques-uns ont des figures et des allures d'hommes du grand monde. A Chaudenay nous ne trouvons à acheter ni tabac, ni vivres.

Voici de la troupe qui arrive : c'est le 3e bataillon de notre légion, avec notre compagnie de génie, qui viennent nous rejoindre ; nous allons ensemble à notre camp. Ce bataillon nous amène des légionnaires de la compagnie que nous avions laissés à Saint-Genis. Ce sont les nommés Desroches, Puthou, Mercier, Collomb, Ballandre, Pelletier et Imbert.

Je suis content de revoir ce dernier, c'est un bon camarade et de plus pour moi, une vieille connaissance.

Dans notre campement un grand nombre de zouaves et de *lignards* se promènent ; ils viennent, disent-ils, voir les Lyonnais ; nous ne contestons pas la chose, mais en attendant chacun a l'œil sur ce qui lui appartient, car le bruit court que ces messieurs savent pratiquer le *hapardage* sur une vaste échelle.

Dans la journée nous avons rajusté les tentes qui n'avaient pas été construites hier, dans les règles de l'art. Il reste bien encore à retoucher, cependant pas assez pour que notre camp ne présente un joli coup d'œil. A la nuit, les officiers de notre compagnie offrent à leurs sous-officiers un dîner splendide composé de plusieurs pièces de volailles. Les caporaux Augier, Mouterde et Charvériat sont des nôtres, nous sommes tous réunis sous notre petite tente. Aussi pour pouvoir piocher dans le plat, réunissons-nous toutes les poses possibles, à chaque maladresse que cela nous occasionne pour venir à bout de nous servir, de gros mots de s'échanger et la gaîté de régner.

Avant de nous coucher, nous allons respirer un peu d'air, et jouir du magnifique coup-d'œil que présente l'aspect de tous ces camps réunis, éclairés par des milliers de feux. La bise siffle toujours ; à chaque instant l'on entend diverses sonneries qui s'élèvent de divers campements. A entendre tout ce brouhaha, voir toutes ces illuminations, il est impossible de croire que l'ennemi soit près ; aussi celui qui a sommeil se couche t-il sans appréhension.

Dans ma promenade avec Charvériat, j'ai pris les numéros des divers régiments que nous avons vus, mais cela ne nous renseigne pas bien pour savoir l'effectif de l'armée qui nous tient compagnie, parce que ce sont presque tous des régiments de marche, lesquels sont composés de soldats de tous les corps de l'armée, et qui n'ont pas (vu la presse de les faire partir en campagne) changé ni les anciens numéros de leur képi ni ceux de leur tunique. Cependant nous sommes renseignés que les mobiles des Deux-Sèvres, ceux des Vosges, les Corsois, sont de nos voisins.

Mardi 15 *novembre.* — Toute la nuit un vent terrible, qui se permet sans cérémonie d'entrer dans l'intérieur de nos tentes ; il faut bien dire que nous devons un peu cela à l'administration, car elle nous a délivré des toiles-tentes bien mal confectionnées, ce qui ne nous permet pas de pouvoir fermer hermétiquement nos baraques. Pour cette nuit, nous avons encore une autre épreuve à subir, la pluie tombe et fait irruption dans nos maisons de plusieurs côtés à la fois. Le capitaine adjudant-major, M. Bourgagnon, vient nous avertir, ainsi que tout le bataillon, de faire des fossés autour de nos tentes pour que l'eau n'y entre pas. Immédiatement le sergent Bernard sort et se met à l'ouvrage; tous nous le suivons, hormis le fourrier Balland et notre capitaine. Nous nous mettons à l'œuvre, des pavés nous servent de pioches, les mains de pelles; quelques-uns sont vite fatigués de ce genre d'exercice, et me laissent avec Bernard continuer le travail; la pluie me tombe sur le dos, à mon tour je laisse Bernard; il m'est indifférent de rentrer dans la tente, donc ceux qui veulent s'abriter qu'ils travaillent. Le pauvre ami Bernard, gentil au possible, continue tout seul; cependant cette fois la dose de complaisance est un peu forte, il ne peut s'empêcher de se plaindre en disant : Oui, j'en connais qui veulent faire beaucoup de choses, et à l'œuvre il n'y a plus personne; on s'en rappellera !

Au jour, nous nous levons tous gelés, les membres brisés, engourdis par le froid, suite de mauvaises positions; réellement on est trop de huit dans une tente, et à plus forte raison lorsque l'on se trouve d'être avec ses officiers, parce que l'on n'ose pas prendre ses aises, et eux ne se gênent pas pour les prendre. Ce qui est pis, pour nous remettre, sortis de la tente, outre le vent et la pluie, une boue affreuse; on a peine à marcher, car c'est une boue grasse; la plupart de ceux qui veulent traverser les fossés qui entourent le camp prennent des *billets de parterre*. Aussi la matinée se passe en maugréation contre les Prussiens, Badinguet et même Dieu... Pauvres camarades : nous n'avons que quatre jours d'entrée en campagne et on se plaint de cette manière ! Que sera-ce alors dans un mois ou deux ?... Il est vrai que la légion débute d'une façon sérieuse, comme fatigue et tragique, et pour peu que cela continue progressivement, ma foi ça ne serait réellement pas gai. Pour quelques-uns, une petite distraction nous reste, c'est d'observer la vie animée qui règne autour du château qui est un quartier général ; à chaque instant passent des convois la plupart, qui partent à franc étrier. On me dit que le général, qui y est installé, est un officier de marine ; le même me renseigne que ce château appartient à un M. de Vaublanc.

A midi, nous partons ; pour arriver sur la route, nous avons mille peines, vu le mauvais chemin ; nous prenons la direction de Verdun ; le premier village que nous traversons est Demigny, situé à 17 kilomètres de Chalon, 7 kilomètres de Chagny et 11 de Beaune ; les 11e, 24e et 67e régiments de mobiles y sont cantonnés ; en route, nous nous sommes croisés avec les mobiles de la Haute-Garonne, et pas mal de *rossards* de tous les régiments qui ont passé hier.

Le deuxième village s'appelle un nom comme Virtchia; puis à gauche se trouve un beau château s'appelant Cissey ; ici comme à Demigny, les rossards n'y manquent pas ; ils y sont en grand nombre, installés tranquillement chez les paysans ou dans les cafés. A la sortie de ce village, la route est presque de continue au milieu des bois-taillis ; nous nous croisons avec l'ambulance de Saône-et-Loire ; ils sont tous détachés ; pendant plusieurs kilomètres nous en rencontrons, les uns sont à pied, d'autres à cheval, et dans les voitures ambulancières toutes floquetées des drapeaux de l'Internationale. Ils sont tous roses et blancs, la plupart sont des jeunes gens ; on voit que les privations qu'ils ont à supporter ne sont pas des plus sérieuses, et à franchement parler, je ne vois pas pourquoi cette jeunesse est aussi méritante de gloire, comme la presse le donne à entendre. Enfin les hommes compétents et impartiaux résoudront bien la question. Voici que nous entrons au village de Mézière, et après, celui de St-Loup-de-la-Salle, à 33 kilomètres de Chalon ; ce dernier est embelli d'un château ; les mobiles des Basses-Pyrénées y sont cantonnés ; ils sont armés, comme tous les mobiles que j'ai vus jusqu'à présent, de fusils piston.

A quelques distances de ce village, le commandant Valentin descend de cheval et nous regarde défiler ; il veut nous faire marcher d'une manière, à quelque chose près, convenable. C'est un rude travail qu'il entreprend, car la plupart ne veulent rester en place : ordre sévère, douceur, rien ne leur fait. Cependant ils savent que la loi martiale existe, fonctionne ! Oh ! bien oui !... Voient-ils un cabaret, allez ! débandade complète, et bien souvent autant, pour les plus futiles motifs. Cela me fait remarquer une autre défectuosité qui existe parmi nous, et qui depuis notre départ de St-Genis, prend des proportions gigantesques, ce qui doit, il me semble, choquer singulièrement notre commandant : c'est la variété de nos costumes, car pas un, ou du moins un très-petit nombre, porte l'ordonnance. Chacun y déroge soit par la coiffure, la chaussure ou l'habillement. Pour ce motif, comme pour celui de ne pas être à son rang, ils ne veulent pas d'observations ; quelques-uns vous répondent même très-grossièrement. Cette manière de faire est fort désagréable, parce qu'elle empêche beaucoup de bonnes relations amicales, ce qui est cependant la première nécessité dans les conditions où nous nous trouvons.

Voici le village d'Allerrey (19 kilomètres de Chalon) ; la route aboutit en face du château et le contourne, de l'autre côté nous admirons des murs de buis, si larges, si hauts, si bien taillés, que c'est une curiosité. Cette propriété est à M. le comte Bernard de Menthon. Quelques pas plus loin, nous quittons la route et suivons la voie ferrée pour traverser le Doubs ; ce chemin est bien fatigant, aussi la colonne s'allonge et tard arrivons à Verdun-sur-le-Doubs (22 kilomètres de Chalon). Nous sommes très-mal logés dans des entrepôts ; aussi immédiatement installés nous mettons sacs et fusils, dans un coin, et partons, Arnaud, Bender, Bernard, Balland, Boulade, Charvériat, Mouterde, Augier, Drevet et moi, pour trouver à manger. De partout où nous nous adressons, rien ! rien ! Non seulement les restaurants, mais encore les boulangers, les épiciers, les charcutiers, tout est dévalisé. Que faire ? Chercher encore ; c'est ce que nous faisons. Arrivés à l'Hôtel de la Marine, situé à l'extrémité de la ville où nous sommes logés, à force de politesse, de ruses, nous obtenons de l'aubergiste, femme aux manières brusques et originales, la promesse d'un dîner. C'est Charvériat qui reçoit cette bonne nouvelle. D'un ton sec, elle lui dit: dans une demi-heure revenez, et surtout ne soyez pas difficile.

— Il lui répond : Oh ! Madame, le peu que vous nous donnerez, nous serons contents et nous vous en serons éternellement reconnaissants, nous faisons chorus tous en chœur.

On peut juger par cette réponse où nous sommes arrivés. Où est donc Lyon ? De trop réfléchir, cela ne sert pas à grand chose dans ce moment, puisque nous avons un dîner d'assuré. Nous cherchons à nous réunir, car nous nous sommes tous perdus pendant nos excursions; nous ne pouvons y réussir, nous nous mettons à table seulement quatre, Drevet, Augier, Charvériat et moi, nous sommes installés dans le salon particulier, tandis que M. Valentin et ses officiers sont dans la salle commune. Nous avons une table splendide de propreté et de luxe, de l'argenterie et de la porcelaine; il est impossible qu'avec des matériaux pareils on aurait l'audace de nous mal servir; la gaieté renaît et nous ne sommes pas désillusionnés, nous fûmes très-bien servis. Nous avons pour voisins de table des francs-tireurs des Vosges ; ce sont de beaux hommes, avec cela des manières polies et élégantes; ils partent cette nuit en reconnaissance. Il paraît qu'ils se sont déjà combien de fois distingués. Ainsi, beau, élégant et brave : voici le vrai type du Français. Honneur aux Vosgiens !

Mercredi, 16 novembre. — Sur les 10 heures nous partons de Verdun. Je suis de garde au drapeau et comme tel M. Cosserat me fait mettre mon sac aux bagages. Une fois dans la campagne, nos officiers nous font mettre la hausse à 300 mètres et préparer des cartouches. Diable ! est-ce que les Prussiens seraient proches ? Enfin, nous sommes venus pour les voir, autant maintenant que plus tard.

Le premier village que nous traversons est Ciel, à deux kilomètres de Verdun. Nous continuons notre route sans rencontrer de Prussiens, mais en revanche des retardataires en quantité. On leur demande des nouvelles de l'ennemi, ils ne savent rien. Voici Sermesse, rien de nouveau, nous sommes à sept kilomètres de Verdun ; un kilomètre environ avant d'arriver à Navilly, nous laissons la route et prenons celle de Lons-le-Saunier. Nous traversons encore de riches pays et les beaux villages de Montot (47 kilomètres de Lons-le-Saunier), Frontenaux (45 kilomètres), Charette et Terrans. Après ce village nous passons devant le château du Loisy, son parc et ses salles d'ombrages portent de nombreuses traces de campement. Nous arrivons un peu tard à Pierre (35 kilomètres de Louhans), la compagnie du drapeau va prendre logement au superbe château du marquis d'Estampes. Cette habitation est très-vaste, entourée de larges fossés comme tous les anciens châteaux; toutes les dépendances y sont vastes et grandioses, c'est réellement une habitation seigneuriale.

Il fait grande nuit lorsque la compagnie est réunie dans la grande cour d'honneur du château, pour remettre le drapeau au logement du colonel. Là, le capitaine commande front à ses hommes, puis de présenter les armes et aux clairons de sonner au drapeau jusqu'à ce qu'il ait disparu. Cette scène avait un cachet grandiose et a dû rappeler à M. le marquis la vie guerrière de ses ancêtres.

Jeudi, 17 novembre. — Dans la nuit une compagnie de francs-tireurs, ayant deux pièces d'artillerie, est arrivée; ils sont très-mal équipés. A 8 heures nous partons, le temps est au beau, nous suivons la route de Dôle, à environ 2 kilomètres nous entendons une petite fusillade, je ne peux me rendre compte de quelle direction elle vient.

Nous voici arrivés au pied d'un château bien pittoresque, qui doit faire le caprice de plus d'un artiste. C'est celui de Neublancs, ayant à ses pieds le village de son nom; de très-loin nous l'avons aperçu. Là, nous quittons la plaine et gravissons le côteau, nous avons fait 7 kilomètres. Une fois sur le plateau, nous traversons une voie ferrée, quelques pas plus loin, nous voyons le campement d'un bataillon du 84e de ligne; ces hommes sont tous des jeunes soldats. De cet endroit la route est de continue au milieu de bois taillis, jusqu'au village d'Hausays, où nous faisons la grande halte.

Maintenant la route est plus gaie, elle parcourt un pays très-accidenté. Le village des Essarts que nous traversons met les légionnaires en gaieté pour le motif que nous y voyons de forts troupeaux de porcs. Alors chacun de dire une plaisanterie : — Bonjour Badinguet ! bonjour Saint-Antoine, etc., etc., si bien que lorsque nous passons le village de Pleure, le bataillon chante, ce qui ne lui était pas arrivé depuis l'étape de Villefranche. Une autre remarque, il paraît que dans ce pays les femmes y sont très-sensibles, nous en voyons quelques-unes qui pleurent, tout en nous regardant défiler. C'est le pays aux particularités, car je vois le cimetière qui entoure l'église et tous deux bien au centre du village. Dans la campagne nous voyons quelques houblonnières, cela fait sourire les amateurs de bière.

Notre étape est le Deschaux (16 kilomètres de Dôle), nous y sommes assez bien logés, les maisons sont couvertes en toit de chaume ; ils ont aussi leur château, lequel appartient à M. de Vaulchié. En un mot, l'aspect de ce village n'est pas vilain.

Vendredi, 18 *novembre*. — Nous partons à 8 heures ; cette nuit il a gelé ; pendant près de 2 heures nous traversons des bois taillis ; à la sortie de ces bois, nous avons la vue d'un panorama magnifique, le beau temps et une bonne route, ce qui nous fait plus de plaisir que tout le reste, car cela nous soulage les pieds. Voici que nous atteignons un petit village, c'est Mont-sous-Vaudrey ; les cloches tintent à toutes volées pour annoncer aux habitants des environs qu'il y a des troupes de passage. Cette habitude est commune dans beaucoup de pays de la Franche-Comté et de l'Alsace.

Nous faisons la grand'halte à Ounans, village à 5 kilomètres de Mont-sous-Vaudrey et 21 kilomètres de Poligny; dans ces parcours nous nous sommes croisés avec les mobilisés de Lons-le-Saunier.

Nous faisons une véritable grand'halte, vu que l'on nous a largement laissé respirer. Dans ce pays, les vivres sont rares, on en trouve très-difficilement. Pour arriver au but de notre étape, nous traversons encore le village de Chamblay (26 kilomètres de Poligny); quelque distance avant d'y arriver, nous voyons le superbe château de Clairvau qui domine tout le pays; il appartient à M. le comte de St-Mauris.

Nous cantonnons à Villers-Farlay (24 kilomètres de Poligny); je suis logé avec la première escouade; le logement n'est pas désagréble, j'en profite pour écrire, plusieurs camarades en font autant.

Avant de me coucher, j'assiste à un charmant concert que la première escouade donne pour les adieux d'Imbert, qui entre demain à l'hôpital. La mise en scène des chanteurs ne manque pas d'originalité. Ils occupent la cuisine, tous assis autour du foyer, et disparaissent sous l'auvent de la cheminée qui est immense. Pour tout éclairage, les flammes du foyer, et ces grands gaillards chantent des chœurs, Imbert à lui seul plusieurs romances; ce n'est que tard que nous allons nous coucher.

Samedi, 19 *novembre*. — A 7 heures et demie, réunion et départ du bataillon, avec la pluie: la route monte: au sommet nous avons la vue d'un beau paysage, à nos pieds des vallées, derrière des montagnes très-hautes, derrière cette chaîne de montagnes d'autres encore bien plus hautes ; ça se perd dans les nuages ; toutes ces montagnes sont richement boisées et parsemées par-ci par-là de quelques cabanes de bûcherons et de bergers.

Mouchard est la première ville que nous traversons ; nous avons nos 4 kilomètres de faits; cette ville se trouve à 9 kilomètres de Salins, 9 d'Arbois et 17 de Quingey ; les maisons, en grande partie, sont construites en pierre; le chemin de fer y passe : on voit à l'animation qui règne partout où nous passons que c'est un grand centre.

A la sortie de la ville, nous montons encore et, à la sortie d'un défilé, nous nous trouvons dans une belle vallée : à notre droite, sur une montagne, nous voyons les grandes ruines du château de Vaugrenard ; sur le sommet d'une autre, tout à fait dans le lointain, le fort de Grenet; à gauche, en dehors de notre route, le village de Liesle ; puis Port-Lesney, dont une partie de ses habitations est bâtie sur pilotis qui reposent dans la rivière la Loup. Pour sortir de cette vallée, nous passons le village de Grange-de-Vaise qui est à 4 kilomètres de Mouchard ; à 2 kilom. de là, nous traversons le village de Rennes ; un poteau nous indique que nous avons changé de département; nous sommes dans celui du Doubs; nous faisons la grand'halte à Parroy, village qui n'est pas précisément sur la route; il fait mauvais temps, chacun cherche à s'abriter pour pouvoir *casser la croûte*, ce qui ne nous est pas bien facile, les habitants étant rares.

Nous traversons encore le village de Pessans, qui est tout délabré, et arrivons à Quingey sur les 2 heures; là, autre affaire : l'officier chargé du logement met tout le premier bataillon dans une écurie ; malgré toute la bonne volonté possible, nous ne pouvons tous y entrer ; cela fait que la cinquième compagnie obtient des logements chez les particuliers.

Une vingtaine d'hommes et moi sommes logés chez M. Jean Genet; aussitôt intallés, nous nous mettons tous à approprier nos armes qui en ont grand besoin, vu que presque toute la journée nous avons reçu la pluie.

Dimanche, 20 novembre. — A 7 heures, Louis XI (c'est le sergent Arnaud que nous appelons ainsi) vient me chercher pour déjeûner ; nous allons au lieu de réunion qui est dans le logement des dernières escouades. La maîtresse de la maison nous fait entrer dans la salle à manger; sa nièce, Mlle Courvoisier, nous sert un bon repas, le vin y est bon et en abondance, aussi le temps ne nous dure pas ; nous sortons de table juste pour aller prendre nos sacs pour assister à la revue qui a lieu à midi.

Pendant cette revue, j'apprends que le capitaine Janin part à Lons-le-Saunier faire, pour la légion, des achats de sucre et de café ; de suite je vais lui demander permission de l'accompagner, ce qu'il m'accorde immédiatement, d'autant plus qu'un sous-officier n'est pas de trop, ne serait-ce que pour contrôler ses achats. Moi, je suis content de ce voyage, non-seulement parce que c'est une partie de plaisir, tout en étant un service, mais encore parce que dans cette ville j'y connais une famille avec laquelle, depuis très-longtemps, je suis en relation.

A une heure nous partons en voiture qui nous conduit au petit village de Lombard, où le chemin de fer a une station. Nous sommes six, Janin, le caporal Mouterde, deux hommes de corvée, Martin et Palluy, le sécrétaire du colonel, qui rentourne à Lyon, et moi.

La première station où nous passons est Arc-Senans ; ce village est très-grand. De nouveaux voyageurs montent ; ils causent politique, conversation qui d'ailleurs est à l'ordre du jour. Ils nous apprennent que dans cet endroit un curé a été fusillé ces jours-ci ; il paraît que tous les renseignements qui pouvaient arriver à sa connaissance, il les transmettait aux Prussiens. Plus loin, un voyageur me fait voir le village des Arçures, qui n'a, à ce qu'il paraît, ni auberge, ni café. Je suis certain, sans avoir vérifié le fait, que ce doit être le seul et unique en France. Ce même voyageur me fait remarquer le pont du chemin de fer de Pontarlier, magnifique ouvrage comme travail de hardiesse ; il est perché sur la montagne, a dix-neuf arches et vingt-sept pieds de hauteur ; puis le village de Montigny, où il y a un superbe château qui a été habité quelques jours par le grand roi Louis XIV.

A notre arrivée à Lons-le-Saunier, nous recevons la pluie, cela ne nous surprend pas, car elle n'a presque pas décessée de la journée ; nous sommes reçus à bras ouverts chez mes amis. Les magasins sont fermés, impossible de traiter affaire ce soir, nous en profitons pour passer la soirée en famille. Ils nous content mille histoires sur toutes les troupes qui ont passé dans le pays ; il paraît qu'ils ont vu jusqu'à une compagnie de francs-tireurs, habillés en ours. A ce que je vois il y aurait un riche album à faire, qui serait unique comme variété d'uniformes, rien qu'avec les costumes des défenseurs de la patrie des années 1870-1871.

Il se fait tard, le capitaine Janin, avec les deux hommes de corvée vont coucher à l'hôtel, Mouterde et moi chez mes amis ; nous avons un bon lit, cela nous fait bien faire des réflexions, car dans ce moment nos amis sont de grand'garde sur la montagne à Quingey, et cette pluie fine doit les traverser jusqu'à la moële des os. Puis, de réflections en réflexions, chacun arrive à réfléchir sur le sort qui lui est réservé. Sera-t-on tué ou ne le sera-t-on pas? Sera-t-on estropié ou ne le sera-t-on pas? Et involontairement, comme dans toutes les grandes crises de la vie, on repasse dans l'imagination toutes les principales scènes de sa vie, bonnes ou mauvaises. Je ne sais si mon camarade de lit poussa ses réflexions si loin, mais ce que je puis dire, c'est que moi je les fis.

Les gens de la maison, avant de se coucher, la fille en tête, jeune et jolie personne, viennent nous souhaiter bonne nuit; peut-être pas un quart-d'heure après je dormais profondément.

Lundi, 21 novembre. — La matinée passa vite, soit pour finir les affaires sérieuses qui nous avaient amenés, soit que l'on voudrait un peu profiter de cette espèce de permission que nous avons; cependant arrive l'heure du départ, il nous faut filer, le temps est toujours à la pluie. A la gare j'embrasse de tout cœur, ainsi que mes camarades, mes amis de Lons-le-Saunier, et quelques minutes après nous étions déjà bien loin.

Aux gares de Domblans, de Passenans et de St-Lothain, les voyageurs ne manquent pas, ce sont tous des soldats; d'ailleurs sur toutes les lignes de chemin de fer c'est la même chose.

Arrivés à Mouchard, nous allons chercher un billet de logement étant obligés d'y passer la nuit, les trains étant suspendus.

Nous sommes logés chez M. Beaupoil, il ne peut pas nous coucher, il nous conduit chez un de ses voisins, le père Philémon.

Mardi, 22 novembre. — A huit heures nous partons et débarquons à la gare de Byans, le capitaine réquisitionna une voiture et nous voilà en route pour Quingey; nous traversons un pays bien pittoresque. Arrivés à destination nous apprenons que notre bataillon est à Besançon; nous laissons au 3e bataillon sa part de sucre et de café et nous repartons immédiatement avec notre voiture de réquisition pour prendre le chemin de fer; le lieutenant Bellemain et son fourrier viennent avec nous.

Sur les 4 heures, départ; il pleut. Nous sommes installés dans des voitures de première classe, nous en profitons pour dormir. A la gare de Franois nous voyons un poste du 16e chasseurs à pied, commandé par des officiers. Quelques instants après nous débarquons à Besançon; la légion est logée chez les habitans, le fourrier me donne un billet de logement pour l'hôtel du Centre.

Mercredi, 23 novembre. — Toute la journée il pleut; d'heure en heure, nous attendons l'ordre du départ, qui nous a été annoncé hier soir, et ce matin encore; enfin, on nous communique de nous tenir prêts sur les six heures; à l'heure dite, nous sommes sur les rangs. Au lieu de se mettre en route, on nous donne de nouveaux billets de logement.

Je suis logé dans une méchante petite auberge. Bernard et Arnaud me tiennent compagnie pour souper; ils me disent que la compagnie était d'avant-garde à l'étape de Quingey à Besançon, et que les hommes avaient bien marché, naturellement ils doivent commencer à s'y faire, vu que l'on ne ménage pas nos pas.

Jeudi, 24 novembre. — De bonne heure, je suis debout, j'écris plusieurs lettres et pars pour assister à l'appel ; je n'ai entendu aucune sonnerie, mais il me semble que ce doit être l'heure, je ne me trompe pas, vu que je rencontre le bataillon qui partait ; je me mets à mon rang, après avoir reçu des reproches pour être arrivé en retar .

Nous nous embarquons au chemin de fer dans un convoi de vagons à bestiaux, nous n'y avons pas nos aises ; comme le temps est beau, cela n'empêche pas les légionnaires d'être très-gais, de tous côtés les chants se font entendre. A neuf heures vingt minutes le convoi se met en marche. Aujourd'hui, nous pouvons mieux nous rendre compte de ce que peut bien ressembler le pays. Jusqu'à Arc-Senans nous voyons toutes espèces de sites possibles, auxquels je n'avais fait nulle attention avant-hier.

Franois a toujours un poste de chasseurs à pied. Voici Montferrand dominé par un vieux château en ruine ; après, nous passons le Doubs, en cet endroit il est assez large. De l'autre côté, c'est Torpe ; là, nous sommes dans une vallée, la rivière côtoie le chemin de fer, de l'autre côté de la rivière, les roches tombent en balme dans l'eau ; plus loin, la rivière fait un saut, enfin rien ne manque au paysage. De tous côtés des bois taillis immenses, des montagnes qui se perdent dans les nues et des châteaux au milieu de tous ces beaux paysages. A Arc-Senans, nous changeons de voie, nous prenons direction sur Dôle, la première gare que nous atteignons est Châtelay ; ce pays n'a plus le même aspect que ceux que nous venons de traverser : à gauche, une plaine immense, tout émaillée de villages et sillonnée en tous sens par des cours d'eau ; à droite, des bois. Voici Montbarrey ; de cette gare à Dôle, nous sommes continuellement en pleine forêt, qui est celle de Chaux.

Nous arrivons à midi, nous allons prendre logement dans une vaste caserne, qui est déjà en partie occupée par les mobilisés jurassiens, ceux du Doubs, un bataillon du 84e de ligne et le 2e bataillon de notre légion, lesquels ces jours-ci ont fait le coup de feu avec les Prussiens? Honneur au 2e bataillon!

Cet après-dîner il y a alerte, des troupes partent en reconnaissance, cela amène la conversation sur les Dôlois; il paraît qu'ils sont bons patriotes et braves, on peut compter sur eux. Une autre nouvelle circule, nous avons le légionnaire Parmentier qui va passer en cour martiale, cet individu a déserté la légion à Verdun; il a de très-mauvais antécédents, et on a beaucoup de preuves comme quoi il faisait le métier d'espion; s'il est condamné à mort, il le mérite, nous en convenons, mais nous sommes bien contrariés tout de même d'avoir encore un homme à tuer

Avant la tombée de la nuit, grande sensation, notre artillerie arrive, c'est à celui qui peut s'approcher des pièces, s'assurer que c'est bien vrai; jusqu'à présent, nous n'avons pas eu d'artillerie, et il nous était bien à cœur d'aller nous battre sans ces petits joujoux (c'est ainsi que les appelle Charveriat), puis les artilleurs sont des Lyonnais, cela occasionne des poignées de mains en masse.

Ce soir, Drevet, Charveriat, Augier et moi, nous allons faire un tour par la ville, qui est très-jolie, très-propre et embellie de beaucoup de vieux monuments. Nous finissons notre soirée au café Chicandre. A propos de curiosité, ces Messieurs me font regretter de ne pas avoir, à

Besançon, visité la synagogue et la cathédrale, deux monuments qui méritent qu'on leur rende visite ; dans le dernier, les mausolées des ducs de Bourgogne y sont encore.

Nous nous couchons tard, sur de la paille pourrie, j'ai bien peur que nous y ramassions de la vermine.

Vendredi 25 novembre. — Nous avons l'ordre de partir pour onze heures ; en attendant nous allons déjeuner dans une bonne auberge que Mouterde a découverte hier au soir.

Le repas se passe sans incident ; nous partons à l'heure désignée par le faubourg de la Bédugue ; le prisonnier Parmentier marche dans les rangs de la 4e compagnie.

Nous traversons les villages de Villette-les-Doles et Parcey (8 kilomètres de Dole) ; tous les deux ont des habitations bien coquettes, et ce qui ne gâte pas le paysage pour des voyageurs soldats, c'est le nombre de jeunes et jolies filles qui nous regardent défiler. Après ce village, nous passons un pont suspendu et nous quittons en même temps la plaine pour recommencer à monter sur des coteaux. Arrivés sur les hauteurs, le commandant Valentin nous fait déployer en tirailleurs et mettre les pièces en batterie. Il ne faut pas croire que l'ennemi soit là, ce n'est simplement que pour exercer les hommes.

Nous traversons encore Rahon, Baraing, qui ont leurs maisons recouvertes en toits de chaume ; de ce dernier village, à notre droite, nous apercevons parfaitement Dole. L'étape est Chaussin ; nous sommes mal logés, il est impossible que toute la compagnie puisse coucher dans le logement qui lui est désigné ; beaucoup trouvent à se loger chez un voisin, notre propriétaire n'a pas l'air commode; pour le radoucir le capitaine Janin est obligé d'employer les grands moyens: il le fait coucher en prison. A Chaussin, nous avons pour camarades d'armes des mobilisés jurassiens (nous en avons vus dans presque tous les villages où nous avons passé) et une compagnie de francs-tireurs dijonnais.

Chaussin a aussi ses monuments nationaux, qui consistent en un vieux canon du temps de Louis XIV.

Samedi 26 *novembre.* — Au milieu de la nuit nous avons été réveillés désagréablement; un des chevaux s'est détaché sans s'inquiéter de notre présence, tranquillement il prend ses ébats. Cette scène se termina sans accident; le fils de la maison se leva et rattacha le *bidet*.

Nous avons le mauvais temps pour nous mettre en marche; nous retournons à Pierre, en passant par les villages d'Asnans, Vorns et Beauvoisin ; nous faisons la grande halte à Neublanc, vers le chemin de fer; le poste de grand-garde existe encore, il n'y a que les locataires de changés ; au lieu d'être le 84e de ligne, ce sont les mobilisés jurassiens.

Pendant notre halte nous avons une agréable surprise: Pochonod, Vitton, Droguet, que nous avions laissés à Lyon, arrivent prendre place à leur compagnie ; je serre encore la main à un enfant d'*Apollon*, à Félix ; il fait partie de la compagnie du génie.

Nous arrivons à Pierre sur les trois heures avec la pluie ; elle ne décessa plus de la journée et de la nuit ; je suis logé à l'extrémité de la ville avec le sergent-major Drevet et cinquante hommes, chez Mme veuve Berthier.

Nous dinons, Vitton, Augier, Drevet, Charveriat et Mouterde, à l'hôtel du Centre ; pour mon dessert, je suis de patrouille avec le sous-lieutenant Lesage ; nous remarquons avec plaisir que tous les établissements sont pleins de légionnaires, et qu'ils n'ont guère l'air d'être atteints du spleen. Notre ronde terminée, j'arrive au logement mouillé, que les vêtements en sont traversés; notre petite femme de ménage (Mouterde), qui avait prévu le cas, nous reçoit avec un bon bol de vin chaud.

Dimanche 27 novembre. — Toute la journée nous avons la pluie ; nous allons à Verdun, faisons la grande halte à Sermesse ; par notre ordre de marche, nous nous trouvons derrière la 3e compagnie ; le bataillon est en gaieté, la 3e compagnie en particulier, les chants vont bon train ; ces camarades ont leur répertoire à eux, cependant ils connaissent la *Boiteuse* et les *Canards* que les deux compagnies chantent ensemble. Nous avons pendant les intermèdes de chant une distraction d'un autre genre ; cela par Colomb et Puthou (hommes de la 1re escouade) ; ils discutent continuellement ensemble, se servent de termes et d'expressions les plus bizarres, si bien que ceux qui sont près d'eux font leurs étapes très-agréablement. Depuis le commencement de la campagne cela dure.

Toute la compagnie est logée dans un fenil au-dessus des écuries d'un brasseur ; nous y sommes très-mal, il n'y a pas de paille, les hommes se fâchent, le propriétaire ne veut écouter aucune observation, il me fait l'effet d'être un véritable Prussien.

Pour dîner, nous allons rendre visite à notre digne aubergiste de l'Hôtel de la Marine, qui cette fois nous reçoit sans difficulté ; nous sommes la petite famille presque au complet : Drevet, Augier, Mouterde, Charveriat, Arnaud et Lesage. Ce dernier, pour le dessert, se permet d'imiter les zouaves, il chapparde les biscuits.

Je viens de dire que presque toute la petite famille était réunie, et je n'ai pas encore signalé cette particularité. Je vais expliquer la chose : Depuis que nous sommes réunis, plusieurs se connaissaient de vieille date, ceux qui ne se connaissaient pas, sont dans toute l'acception du mot de charmants camarades. Alors, nous trouvant de faire partie de l'état-major de la compagnie, c'est-à-dire que nous nous trouvons constamment réunis pour affaire de service, nous en faisons autant dans nos moments de loisir ; nous sommes neuf : Janin, Joly, Lesage, Drevet, Arnaud, Mouterde, Augier, Charveriat et G. Brun. Depuis hier nous sommes un de moins, nous avons laissé Joly à l'hôpital de Dôle.

Lundi 28 novembre. — A six heures du matin nous sommes sur les rangs, pour ne partir qu'à neuf heures passé ; nous occupons ce temps comme nous pouvons, le plus grand nombre cherche à manger, ce à quoi ils n'arrivent pas facilement ; beaucoup de légionnaires malades restent à Verdun. Imbert qui nous avait rejoints ces jours-ci, nous quitte ; c'est par ordre du colonel que tous les impotents restent, il n'en veut plus. Avec Charveriat, après beaucoup de peine, nous arrivons à boire une tasse de café noir.

La légion sort de Verdun par deux routes opposées, il y a d'épais brouillards, la compagnie est d'extrême arrière-garde ; dans la campagne nous entendons quelques coups de fusils ; je n'ai jamais pu savoir dans quelle direction et par qui ils ont été tirés. Les mobiles de Saône-et-Loire ont l'ordre de partir de Verdun pour midi. Nous faisons de nombreuses haltes. Pendant le repas, le lieutenant Lesage nous raconte que cette nuit il a manqué brûler, tous ses effets y ont passé et même un peu du mobilier de son propriétaire. Voici que nous traversons un pont sur le Doubs qui aboutit au village de Chanvort; lequel n'est qu'à 2 kilomètres de Verdun, et il est déjà onze heures et demi ; si notre marche continue à être aussi lente, nous ne ferons pas beaucoup de chemin.

De dessus le pont nous voyons la tête de la colonne, elle suit la chaussée de la rivière en la remontant. Celler en tête avec des éclaireurs à cheval et à pied, l'artillerie le suit, puis le bataillon; comme nous arrivons sur la chaussée, nous voyons un cavalier qui tombe dans l'eau, il venait de passer dans nos rangs. Patissier, de la compagnie, se jette à l'eau; vains efforts, le Doubs est trop gros, le courant fait mille tourbillons, je vois le moment que Patissier va disparaître à son tour ; il n'en est rien, il sort ainsi que le cheval, mais l'artilleur est perdu ; c'est le nommé Gabriel Déchamp.

Nous regagnons la grande route, juste vers le pont qui fait face à l'Hôtel de la Marine, cela fait un contour qui peut compter; de ce point nous marchons de l'avant, bon pas, nous faisons halte au village de Bragny, où par ordre du capitaine, toute la compagnie pose ses sacs sur une voiture de réquisition. Cette opération terminée, nous marchons, non seulement bon pas, mais encore en chantant, Au village Ecuelles, le 55e mobile se met en marche derrière nous, il paraît que nous sommes dans des contrées de vignobles, car au village de Chivre (Côte-d'Or) les paysans offrent à boire, cela fait que nous excusons la malpropreté de leurs rues. Voici l'Abergement-les-Seurre qui est très-grand et embelli de beaucoup de constructions élégantes, les paysans font comme à Chivre, ils donnent à boire, quelques-uns même à manger ; aussi lorsque nous nous remettons en route, la plupart sont gris, et le désordre (comme marche) est au complet. Dans ce village nous avons recruté une douzaine de gardes forestiers ; ils se mettent en marche avec nous, le bruit court que nous allons occuper des forêts et qu'ils seront nos guides, ils sont tous beaux hommes et paraissent lurons. Il fait presque nuit lorsque nous traversons le village de Pouilly-sur-Saône, les habitants y donnent encore à boire ; cela fait que la légion arrive à Auvillars dans un désordre complet. Il fait une nuit bien sombre, notre logement est très-éloigné ; nous sommes chez M. Philibert, lequel brave homme met toute sa maison sans dessus dessous, pour bien nous recevoir, et ne voulut pas accepter un centime. Cependant nous sommes une vingtaine, qui sommes des premières escouades, lesquels ne sont bons que pour manger, « le manger étant prêt, » et dormir ; à part cela ils ne sont bons à rien.

Nous nous couchons sur des matelas installés près du poêle.

Mardi 29 novembre. — A six heures, nous sommes sac au dos, il fait froid et le ciel est brillamment étoilé ; au lieu de réunion, nous voyons quelques hommes, des éclaireurs du Rhône ; ils nous disent que cette nuit ils ont battu en retraite, des bois de Citeaux qu'ils occupaient ; il paraît qu'une bataille a été livrée hier à Dijon, et que les Français auraient été rossés ; le commandant Valentin est outré de notre marche d'hier, car, sans cela, il paraîtrait que nous aurions pu être utiles aux combattants. Par l'intermédiaire des chefs de compagnie, tous les légionnaires reçoivent de mauvais compliments.

Nous battons en retraite, après être restés plusieurs heures sous les armes, au milieu des champs; il est près de midi lorsque nous sommes au village de Pouilly (6 kilomètres d'Auvillars, 2 heures 1/2 de Seurre). Dans le nombre de ses habitations, nous remarquons un château qui a un grand parc, c'est la demeure d'une des grosses têtes de l'empire, de M. Portalis; la plupart des habitations du village sont en briques rouges. Nous faisons la grand'halte à Labergement-les-Seures; après, nous nous mettons en marche, juste pour sortir du village; nous campons dans des prés pas mal marécageux : la 5ᵉ compagnie, nous sommes de grand'garde, nous prenons nos position faisant face à la jolie petite ville de Seurre. Aussitôt installés, toute la petite famille se met au travail; le capitaine inspecte ses petits postes. Drevet et Charvériat prennent position derrière des pierres, au bord d'un ruisseau, et font le service de lavandières; ils blanchissent leur linge; le reste des camarades, les uns se mettent à pêcher, d'autres à faire la cuisine. Moi je m'installe pour écrire, assis sur une borne, ayant pour pupitre le parapet d'un pont; je suis très bien; cependant, après un moment de travail, mes doigts me font apercevoir que nous ne sommes plus en été, car je les ai gelés.

A la nuit, je suis détaché avec la 5ᵉ escouade (caporal Jules Brun). Nous prenons position dans un petit pré où la terre est bien humide, et défense de faire les tentes. C'est avec beaucoup de difficulté que nous nous procurons deux bottes de paille ; les factionnaires sont très-éloignés, le froid se fait sentir ; en somme, nous sommes bien mal.

Mercredi 30 novembre. — Malgré tous les inconvénients que nous avons, pour pouvoir nous reposer, quelques-uns essaient quand même, je suis du nombre. A cinq heures, je suis debout, pas sans difficulté, bras et jambes sont brisés et gelés ; l'habitation du propriétaire du pré est à quelques pas ; nous allons, à tour de rôle, prendre un peu de chaleur près de son foyer, et en même temps nous garnir l'estomac. Le propriétaire, M. Tiaffait, et toute sa famille, sont fort complaisants ; nous quittons la grand'garde, mes hommes et moi, emportant un bon souvenir de ces personnes.

Au camp, il y a rumeur ; nous sommes, à ce qu'il paraît, campés par punition. Nous devons cela au commandant Valentin, qui, de son chef, inflige cette correction à son bataillon pour avoir mal marché la nuit du 28. Les deux autres bataillons sont tranquilles dans leurs cantonnements.

Le colonel Celler nous rend visite, il y a réclamation générale. Voyant cela, il demande au commandant Valentin de se relâcher de sa rigueur, il ne veut rien pardonner.

Nous passons l'après-dînée à battre la semelle, car la bise s'est élevée forte et glaciale. Avant la nuit, fort heureusement, il y a une forte distribution de paille. Cette prévenance adoucira, il est probable, la mauvaise nuit que nous avons en perspective.

Jeudi 1ᵉʳ décembre. — Il fait un tel froid, que, bien

avant le jour, nous sommes tous debout. Moins quelques nuages noirs, le ciel est brillamment étoilé, et la bise souffle avec rage. Le lever du soleil est splendide, il ne nous empêche cependant pas d'avoir bien froid ; je crois que tous les légionnaires se rappelleront la nuit du 30 novembre au 1er décembre, tous les cours d'eau sont gelés.

A midi, nous partons, la route est belle ; à 6 kilomètres en avant, nous traversons le village de Corberon, les mobiles de Saône-et-Loire y sont cantonnés, ils nous suivent. A cinq heures passées, nous arrivons à Beaune ; la nuit est venue, la bise n'a pas cessé et nous a couverts de poussière comme si nous étions en été.

L'aspect intérieur de la ville de Beaune nous réjouit. A quelques exceptions près, c'est Lyon en petit ; des monuments, des rues propres, des toilettes élégantes, tout cela, il y a déjà quelques jours que nous en avons été privés. Ce fut bien autre chose lorsque nous connûmes le bon cœur des habitants, car, quoique cantonnés dans divers grands bâtiments, chaque particulier vient, soit sur les rangs, soit dans les rues, chercher des légionnaires pour leur offrir la table et le logement..... Braves gens !.... Si tous les Français étaient aussi patriotes, je suis certain que nous aurions vite raison de ces maudits Prussiens. Il faut espérer que cela sera un jour.

Je ne profite que très-peu du bien-être que se procure la légion ; je suis de garde à la mairie avec le sous-lieutenant Lesage. Le corps-de-garde occupe un vaste local ; nous sommes, je ne sais combien d'hommes de la légion, de la garde nationale, etc., etc.

Pour souper, obstacle, les auberges sont pleines ; étant de service, impossible d'attendre ; par l'intermédiaire du tambour de garde, nous trouvons ce qu'il nous faut, il nous présente à M. Perdrier-Serrigny qui nous procure des munitions de bouche et nous fait encore des offres de lit, ce que nous ne pouvons accepter.

Dans le courant de la soirée, viennent au poste, pour demander abri, des hommes appartenant à divers corps. Je remarque des chasseurs du Rhône et un franc-tireur de la 15e compagnie (parisien). Ce dernier nous amène un prisonnier appartenant au 2e régiment badois où il est infirmier. Mon lieutenant le fait souper avec nous.

Il est tard, nous nous étendons sur la paille; nous avons ordre de partir demain de bon matin.

Vendredi, 2 décembre. — Nous nous levons, pas reposés, la légion part, le poste n'a pas d'ordre. Faut-il suivre le mouvement? Faut-il rester? Que faire? Les bagages, les malades restent et les hommes laissent leurs sacs. Réflexion faite, quoiqu'il arrive, avec Lesage, nous rejoignons notre compagnie, et nous voilà, quelques instants après, en train d'escalader une haute montagne; le temps est toujours le même; il ne serait pas vilain, sans cette maudite bise qui ne s'arrête pas. Le premier village que nous traversons est Bouze, à 5 kilomètres de Beaune; là, passe devant nous un général entouré de plusieurs officiers d'ordonnance, d'état-major, le tout escorté d'un peloton de cavaliers dont un fait flotter au gré de la bise un étendard de toute beauté.

Du sommet de cette montagne, on voit très-loin, à je ne sais combien de lieues; c'est un beau coup d'œil; en cet endroit il y a une auberge que l'enseigne désigne pour être celle de: *A la Balance*; elle est bien baptisée, car en effet, quelques pas plus loin, nous commençons à redescendre.

Au bas de la montagne se trouve Lusignan ; ce village nous délasse un peu la vue, car depuis Bouze, nous n'avons passé devant aucune habitation. Cependant nous nous sommes croisés avec un grand nombre de francs-tireurs, dont quelques-uns portaient en plus de leurs bagages, des casques et des fusils prussiens.

Nous faisons grande halte à Bligny-sur-Ouche (18 kilomètres de Beaune). Le paysan chez lequel nous nous arrêtons nous renseigne qu'hier, à pareille heure, une forte colonne prussienne a passé ; les habitants ont été sommés de porter la soupe sur les rangs, à ces Messieurs.

Nous restons jusqu'à quatre heures sans ordres, heure à laquelle on se décide à nous donner des billets de logement. Quarante-huit hommes (desquels je fais partie) sont logés chez Guillemard-Meynard ; ce propriétaire est prussien, dans toute l'acception du mot, aussi n'attendons-nous pas qu'il nous serve, nous prenons notre paille, peut-être plus, tant pis ! ça lui servira de leçon pour une autre fois.

Nous passons la soirée ensemble avec toute la petite famille.

XIII

Samedi, 3 décembre. — Avant une heure du matin, nous sommes réveillés, avec ordre immédiat de nous rendre au lieu des réunions ; le froid se fait de plus en plus sentir, il gèle à je ne sais combien de degrés, si bien que l'on ne peut rester en place. La légion ne part que sur les quatre heures du matin.

La nuit est des plus noire, en sortant de Bligny nous traversons des campements de mobiles qui font des feux dont les flammes s'élèvent à une hauteur prodigieuse, après les avoir dépassés nous retombons dans l'obscurité la plus complète. Nous traversons ainsi plusieurs villages dont je ne puis prendre les noms exactement ; cependant si je ne me trompe, nous avons côtoyé continuellement l'Ouche, laissé à notre gauche le village de Torry-sur-Ouche. Nous quittons la route de Dijon et traversons l'Ouche à Pont-d'Ouche. Au jour, nous traversions le pittoresque village de Crugey, situé sur le bord du canal de Bourgogne, que nous côtoyons jusqu'en face de Châteauneuf. Dans ce parcours, nous apercevons des villages de tous côtés ; Brouhey paraît le plus important, cela nous fait plaisir de voir un pays habité ; car au moins on est sûr de pouvoir se ravitailler. Par exemple, la route, depuis Pont-d'Ouch est affreuse, l'artillerie fait un bruit qui doit s'entendre de loin.

Sur les huit heures, pour la première fois, je vois notre général M. Cremer ; il est escorté de quelques gendarmes ; il donne différents ordres à quelques-uns de nos officiers et part. Au même moment, nous entendons un coup de canon ; nous commencions à gravir le chemin tortueux de Châteauneuf. Ce village paraît bien situé comme position stratégique, nous allons l'occuper ; à mesure que nous avançons, les coups de canon et la fusillade se succèdent plus activement ; avant d'arriver au village, on nous fait coucher à plat ventre ; alons, voilà une bataille ; la légion sera bien contente, car depuis notre formation, on désirait un événement de ce genre.

6

Le soleil se met de la fête, il succède à la neige qui, depuis le jour, tombe. Nous voici en haut; la compagnie n'entre pas dans Châteauneuf; nous tournons à gauche dans les chemins qui sont au pied du vieux manoir de Châteauneuf; là, en tirailleurs, nous voyons parfaitement les positions des Prussiens; nous sommes ce que l'on peut appeler aux premières places, aussi les boulets passent en grand nombre sur nos têtes, quelques-uns font mieux, ils tombent parmi nous un, pour ma part, tombe entre mon capitaine et moi; il y avait entre nous deux l'espace de trois pas; j'étais en train, ne pouvant me servir de mon arme, de tracer sur le papier les emplacements qu'occupait chacun de nous, à ce moment de la bataille. Le boulet n'éclata pas, fort heureusement pour nous.

Dans ce moment, MM. les Prussiens avaient leurs batteries établies en avant de Vendenesse, puis de tous les villages qui se trouvent derrière, en venant jusqu'à notre gauche, on voit des troupes qui viennent rejoindre le gros du corps prussien à Vendenesse. Quelques instants après, d'autres troupes en sortent encore; cette fois, ce sont les Français. La 2ᵉ légion et autres mobiles, les villages où ces faits se passent, sont d'après mon tracé : Maconge, derrière et à la gauche de Vendenesse, puis, successivement en tournant toujours à gauche, Rouvre-sous-Meilly, Meilly-sur-Rouvre, Essey, Chazilly, Ste-Sabine, ce dernier se trouve en face de nous, de l'autre côté du canal. Voici les Prussiens qui battent en retraite, ils passent le canal et suivent la route de Sembernon; ils défilent sous nos yeux; artillerie, cavalerie, fantassins passent dans l'ordre le plus parfait. C'est le plus beau défilé que j'aie vu de ma vie. Nos artilleurs ne s'arrêtent pas de tirer sur eux,

rien ne bronche ; ces masses noires passent impassibles.
D'un moment à l'autre, nous nous attendions à les voir
revenir sur leurs pas, pensant que la route leur était
barrée. Non ; nous ne les revoyons plus ; nous rentrons
dans Châteauneuf qu'il est dix heures et demie ; là, nous
apprenons que M. Bezelon, officier, est blessé. Voici le
général Cremer qui nous donne l'ordre de rejoindre le
colonel Celler ; quelques instants après, nous étions au
milieu des bois taillis, marchant en avant. A onze heures
la neige tombe ; nous cheminions toujours, causant des
incidents de la matinée, lorsque sur les midi un quart,
les balles nous sifflent aux oreilles ; cette fois ce ne sont
plus les boulets, la position est beaucoup plus dange-
reuse. De la compagnie, nous sommes une trentaine, le
reste de notre effectif s'est égaré. Celler passe et nous
commande de nous coucher, en nous recommandant de
ne pas tirer, et nous donnant pour raison ceci : « Ne
croyez pas que ce soient les Prussiens qui vous tirent
dessus, c'est la 2e légion. » Nous restons étendus par
terre, peut-être un quart-d'heure ; et çà siffle que vrai-
ment notre position n'est pas belle. Nous entendons encore quelques coups de canon, et tout fut fini ; nous
sortons de ces maudits bois pour prendre position sur
un vaste plateau où nous voyons plusieurs cadavres
prussiens ; là, nous restons encore plus d'une heure, la
neige redouble d'ardeur pour tomber, et le froid se fait
sentir. La marche de la légion sonne ; nous nous mettons en marche, les clairons font bacchanal, le drapeau
est sorti de son fourreau de toile cirée ; il paraît que
nous sommes victorieux sur toute la ligne.

A Châteauneuf, nous restons jusqu'à quatre heures,
heure à laquelle nous partons pour prendre cantonnement;

nous descendons à Sainte-Sabine; pas de place; nous allons jusqu'à Chazilly, et y arrivons tard. Pendant ce trajet, nous marchons presque continuellement dans plus d'un demi-pied de neige; la bise souffle toujours; ce qui fait que nous avons tous la moitié du visage poudré. Si nous n'étions pas aussi fatigués, il n'en faudrait pas plus pour rire, et passer le temps gaiement.

Nous sommes logés dans les granges, les écuries, les uns sur les autres, demain nous nous remettons en marche. Comment se reposer? Il est impossible d'y arriver.

Dimanche 4 décembre. — Nous partons de Chazilly à 10 heures, nous enfonçons les pieds dans trois ou quatre pouces de neige, ce qui nous oblige de marcher sur une file une partie de la route; nous traversons Cussey-sur-Arroux et plusieurs autres villages, tous très-grands, ayant tous de vieux châteaux. Sur les une heure, entrons à Beligny-sur-Ouche, ce village est occupé par diverses troupes que nous n'avions pas encore rencontrées; ce sont les tirailleurs algériens des chasseurs garibaldiens, des Arbis et d'autres encore. A Lusigan, nous nous arrêtons quelques minutes, puis après, recommençons l'ascension de la Balance; cette fois, bien plus terrible que le 2, la bise souffle avec violence; en beaucoup d'endroits, nous marchons dans plus d'un pied de neige, le temps nous paraît long pour arriver à l'étape. En arrivant à Bouze, nous apprenons les deux nouvelles suivantes: la première, que la garde nationale de Beaune vient à notre rencontre pour nous rendre les honneurs, avec l'intention de nous offrir un banquet; la seconde, que nous n'y allons pas; nous cantonnons à Bouze. Cet arrangement de nos officiers supérieurs mécontente toute la légion.

Avec la première escouade, je loge chez Gacon Emotte.

Lundi 5 décembre. — Nous partons bien dispos, Drevet, Mouterde et moi, nous avons couché tous les trois dans un petit lit, nos vêtements sont secs, et nous sommes débarbouillés, repos, propreté. Dans ces conditions on peut aller de l'avant.

Nous arrivons sur les midi, en chantant aux portes de Beaune, la garde nationale nous y attend, quelques bouquets de fleurs nous sont donnés en passant dans les rues, les habitants avec joie se désignent mutuellement les légionnaires qui rapportent des casques et des fusils prussiens.

Avec Drevet, pour notre logement, nous nous installons chez le charcutier Perdrier-Serrigny, pour nos repas, la petite famille se réunit à l'auberge de la mère Auray, connu sous le nom du Cheval blanc.

Ce soir, après notre dîner, notre ami Lesage, qui est logé chez M. de la Maillanderie, nous emmène visiter son logis ; par la même occasion, nous nous y récréons comme des enfants, sans se rappeler du passé, sans songer à l'avenir.

Mardi 6 décembre. — Il fait toujours froid ; toute la légion se plaint à tort ou à raison de ce que le vague-mestre ne nous remet pas nos dépêches. Nous avons repos pour cette nuit, l'ordre nous est donné de nous tenir prêts à partir.

Mercredi 7 décembre. — A midi, nous partons en promenade militaire, le premier village que nous passons est Pommard (3 kilomètres de Beaune) ; après l'avoir dépassé, nous laissons à droite Volnay et à gauche Meursault, nous allons jusqu'à Monthélie ; arrivés là, nous revenons à Pommard en faisant l'exercice de tirailleurs, soit dans les vignes ou sur la route. A Pommard, nous nous arrêtons un quart-d'heure.

Sur les cinq heures, nous sommes à Beaune ; arrivent quand nous les mobiles bordelais, ils viennent pour prendre cantonnement à Beaune qu'ils ont déjà habité ; les habitants ont conservé bon souvenir d'eux, et leur en donnent des preuves.

Jeudi 8 décembre. — Nous avons repos, la petite famille se réunit chez Charveriat qui donne réception et finissons notre soirée au Cheval blanc ; dans cet établissement, ils ont une domestique que nous appelons Thérésa, car elle a toujours le mot pour rire, dans ses moments de mauvaise humeur, elle balance cela par des gestes impossibles. Thérésa en un mot.

Vendredi 9 décembre. — Aujourd'hui comme d'habitude, il tombe de la neige et il fait froid ; cela n'empêche pas la légion d'avoir une corvée à faire, qui est d'aller fusiller le légionnaire Parmentier, que nous avons promené depuis Dôle jusqu'à ce jour ; j'en suis exempt étant de semaine.

Samedi 10 décembre. — Nous partons de Beaune, nous marchons en avant, nous allons à Nuits ; dans le trajet de cette petite étape, nous sommes des plus distraits par les causes suivantes : Premièrement nous passons devant des quantités de clos qui portent des noms connus dans le monde entier, puis nous nous croisons avec beaucoup de troupes avec lesquelles nous n'avions pas encore fait connaissance, tels que les éclaireurs de la mort, les francs-tireurs d'Alais (Gard), cette compagnie n'est composée que d'hommes qui ont l'air solide. Voici la deuxième légion du Rhône, un grand nombre nous nous connaissons et échangeons mutuellement quelques nouvelles. Parmi leurs officiers, je vois MM. Chéry, Clément et Paty, trois de mes ex-collègues au 15e chasseurs à pied. Nous rencontrons des prisonniers prussiens, et nous passons plusieurs villages, tous très-grands, élégants et propres, ce qui fait que l'on se rend compte de suite que la misère ne doit pas y exister. Je prends le nom des suivants : Corton, Ladouée (5 kilomètres de Beaune), Corgoloin, Comblanchien et Prémeaux (5 kilomètres de Ladouée).

Nuits est une petite ville, elle est pleine de troupes de francs-tireurs. Les Vosgiens y sont représentés par 16 compagnies, chaque compagnie porte le nom du pays de son capitaine, ils ont pour uniforme le pantalon rouge, la capote grise, quant aux coiffures, j'en vois de divers modèles. Les Pyrénées-Orientales, par 22 compagnies de ce pays; presque chaque compagnie a son uniforme particulier, en général ils sont tous bien équipés; tous beaux hommes. Il y a aussi les mobiles de la Haute-Saône. En somme, nous voilà réunis un nombre suffisant, comme effectif et comme hommes, pour être à l'abri d'un coup de main de MM. les Prussiens.

La 5e compagnie, nous sommes logés dans les entrepôts de M. Brintet.

Les habitants de Nuits me paraissent aussi patriotes que ceux de Beaune : ils mettent leurs lits, leurs cuisines à notre disposition.

Dimanche 11 *décembre.* — Le froid continue à se faire sentir de plus en plus ; ma compagnie n'a reçu aucun ordre de service pour aujourd'hui : nous nous promenons à droite et à gauche ; dans mes excursions, je vois le convoi funèbre d'un Bordelais, mort des suites des blessures qu'il a reçues ces jours-ci, c'est le sergent Guibert. A Beaune, il était, avant notre arrivée, l'hôte de M. Perdrier-Serrigny.

Les francs-tireurs sont presque tous partis, ils sont remplacés par les Bordelais.

Un certain nombre de légionnaires ont le bonheur de recevoir la visite de leurs parents. De bonnes nouvelles de Paris circulent. La petite famille finit sa soirée chez le vigneron Baudoin-Gérard, rue du Pagini, 15, où nous tenons-pension.

Lundi 12 *décembre.* — A huit heures et demie, la compagnie va prendre la grand'garde au village d'Argencourt, qui est à 2 kilomètres 1/2 (5 kilomètres de Saint-Nicolas). La 1re et 2e escouade bivouaquons chez le paysan Moron.

Sur les midi, nous entendons sonner la marche de la légion ; quelque temps après, toutes les hauteurs se couvrirent de tirailleurs ; nos officiers prennent leurs précautions en cas d'attaque.

Le bruit court que les francs-tireurs nous ont quittés, parce qu'ils ne peuvent s'entendre avec le général Cremer, déjà même un certain nombre aurait repris le chemin de leur pays, étant pour la plupart des hommes mariés.

La journée finit sans nouveaux événements ; pour passer la nuit, les factionnaires ont la consigne de veiller attentivement du côté de Boncourt, en un mot, tous les abords de la forêt de Citeaux.

Mardi 13 décembre. — Toute la nuit, nous entendons le sifflet du chemin de fer; nous présumons que ce sont des troupes qui arrivent. Sur les montagnes, de partout des feux de bivouac. Les factionnaires amènent au poste plusieurs paysans; d'après leurs papiers, se sont tous des espions à notre service.

La nouvelle nous arrive que nous serions relevés tard. Il paraît que le général Bressolles est arrivé de Lyon, et il doit passer la revue des troupes cantonnées à Nuits.

Quelques habitants, le maître d'école en tête, viennent au poste fraterniser; ils nous racontent des prouesses de nos ennemis : il paraît qu'ils sont déjà venus dans le village réquisitionner plusieurs fois. Notre propriétaire ajoute que, ces jours passés, le matin, faisant son tour de jardin habituel, arrivé à la palissade, à sa grande surprise, qu'est-ce qu'il voit? Des sentinelles prussiennes!

Ces gens sont réellement patriotes d'être ainsi affables avec nous, car ils ont la conviction que, si nous n'avons pas le dessus toutes les habitations qui ont abrité des troupes seront pillées, brûlées. Hier ou avant-hier, à Gevrey, ils ont agi de la sorte, et dans tous les villages où ils passent il en est de même.

Tous ces jours, dans les environs, il y a eu de petites escarmouches; toutes ces petites luttes, d'après ce que j'entends raconter, ont été à notre avantage; dans une d'elles, cependant, le colonel Grancé aurait été tué. Le maître d'école clot la conversation en me renseignant que d'Argencourt possède 217 habitations et pas de

pauvres, que le château de l'endroit s'appelle de Ro-
taillé, et date de 1607.

Il est une heure, le factionnaire signale une colonne, ce sont des nôtres ; ils vont en reconnaissance dans le bois de Citeaux ; cette colonne est composée de chasseurs du Rhône, d'un bataillon de Girondins, quelques gendarmes, des officiers d'état-major et deux petits obusiers.

Sur les deux heures, le capitaine Miluoel, du 3e bataillon, vient avec sa compagnie nous relever. Nous partons tous fort gais ; pendant cette garde, le vin, les vivres, rien n'a manqué ; moi j'emporte derrière mon sac un dinde qui pèse près de 15 livres, le clairon Charbonnier emporte une *malle*, qu'il n'en peut se tenir droit.

Arrivés à Nuits, on nous distribue des vivres et nous montons sur la montagne ; nous sommes cantonnés à Chaux ; nous relevons le 32e régiment de marche. Notre propriétaire s'appelle M. Ocquidant, lui et les siens mettent leurs maisons à notre entière disposition.

Mercredi 14 décembre. — Vers une heure, la compagnie part en reconnaissance ; la route que nous suivons monte toujours à travers des bois : à chaque détour de route, il y a changement de paysage ; avant d'arriver au village de Marey-les-Fussey, nous laissons à droite, dans le fond d'une vallée, le village de Neuilley, dans la même direction, mais sur le flanc des montagnes voisines, un autre coquet village, celui de Villars-Fontaine. Nous allons près du village de Fussey, là nous faisons grand'-halte, près de vingt minutes ; nous passons ce temps à respirer un brouillard très-épais et à recevoir une pluie fine qui vous glace. Vitton a de la blanche dans son bidon, les camarades le lui allége ; ce cordial, dans ces circonstances, est délicieux, là-dessus on fume une pipe et on se figure qu'il fait une journée d'été ; c'est, à ma connaissance, le seul moyen pour se maintenir en parfait état de santé.

Nous rentrons qu'il est quatre heures.

Sur les dix heures, nous allions nous coucher, lorsque nous entendons quelques coups de feu, ils sont tirés dans la direction de Marey. Du côté de Nuits, nous entendons la sonnerie au sergent de semaine. Dans l'attente de quelques événements, nous nous étendons tout habillés dans notre lit.

Jeudi 15 décembre. — Après l'appel du matin, je suis de grand'garde avec la 3e escouade ; nous allons nous poster en tirailleurs sur la lisière d'un bois, d'où l'on a une vue réellement belle (tout en étant une position), que, pour en être délogé, il y aurait du *chien à retordre.*

A une heure, nous rentrons au cantonnement ; en arrivant nous recevons l'ordre de partir à deux heures.

Aujourd'hui, le courrier est favorable à toute la petite famille ; chacun a une lettre, quelques-uns mêmes, plusieurs. Celle de Vitton n'est pas gaie : elle lui annonce une mort, ce qui fait qu'il demande une permission pour Lyon, laquelle lui est accordée.

C'est le 32e de marche qui nous remplace.

Pour descendre à Nuits, nous avons meilleur temps que pour la journée du 13 ; au lieu d'un épais brouillard, nous avons le soleil, ce qui nous procure l'agrément de pouvoir nous rendre compte de l'importance des diverses positions que nous occupons. Dans ce trajet, nous défilons devant le squelette d'un cheval qui est celui d'un officier polonais, lequel fut obligé de le laisser étant blessé et poursuivi ; cet incident nous amène à raconter que, ces jours derniers, l'on a trouvé dans les bois de Châteauneuf, au même endroit, quatre cadavres Prussiens, ayant les yeux et une partie de la figure déchiquetés par les corbeaux.

Arrivés à Nuits, toute la troupe est sur pied ; nous partons immédiatement en reconnaissance sur la route de Dijon ; nous dépassons Vosne et faisons halte en face de Romanée-Conti.

Les cavaliers faisant le service d'éclaireurs, vont et viennent tout le temps au triple galop ; ces cavaliers signalent les Prussiens à 2 kil. de Vougeot.

Voici l'ordre de faire demi-tour ; passe devant nous toute une avalanche de cavaliers : gendarmes, garibaldiens, officiers de la Gironde et autres, il y a toute une collection. Les grand-gardes sont montées par le 32e de marche, nous reprenons cantonnement chez Brintet.

Vendredi 16 décembre. — A huit heures, sans sac, nous partons en reconnaissance et dépassons le château rustique de la Berchère ; nous allons jusqu'au village de Boncourt ; nous y restons jusqu'à dix heures et demie, tout le temps nous recevons la pluie ; nous arrivons à marcher dans une boue très-claire et à en avoir jusqu'aux chevilles. Nous arrivons tout crottés.

De retour, nous formons les faisceaux et ne les rompons qu'à la nuit ; en même temps l'ordre nous est donné de nous tenir prêts à partir demain matin, à cinq heures.

Samedi 17 décembre. — A cinq heures, nous so -

mes sur les rangs et nous partons ; à peine en route, contre-ordre ; nous revenons sur la place de la mairie y former les faisceaux.

La journée se passa à être sur le qui-vive. A minuit, nous recevons l'ordre de faire le café et d'être sur les rangs à cinq heures.

XIV

Dimanche 18 *décembre*. — Il est six heures lorsque nous partons ; la 5e compagnie est d'avant-garde ; ce devrait être la 4e, son tour passe, pour le motif qu'elle a une section de grand'garde.

Je suis avec les deux premières escouades (caporaux Mouterde et Augier) en extrême avant-garde. Nous suivons la route de Dijon ; arrivés au premier factionnaire des avant-postes, je suis obligé de m'arrêter, je n'ai pas le mot de passe ; au pas gymnastique je vais le demander au commandant Valentin.

Nous dépassons les grand-gardes en marchant dans le plus grand silence, sans parler, et ayant soin d'ajuster les bidons et les quarts à ce qu'ils ne fassent pas de bruit ; puis, pour que, en cas d'attaque, nous soyions moins surpris, le caporal Augier, les légionnaires Lavaux, Roux et Duvernay, sont encore détachés à 200 mètres en avant de moi.

A 7 heures, le jour vient ; nous sommes en face de Romanée et traversons Vougeot (4 kil. de Nuits, 5 kil. de Gevrey) où les habitants dorment encore ; le temps se lève dans des conditions de température que l'on se croirait au printemps.

Jusqu'à présent, dans notre marche, je ne trouve à signaler que des mouvements de troupés sur la montagne; comme nous savons que ce sont des nôtres, nous ne nous en préoccupons pas. Nous dépassons à notre gauche Chambolle et faisons halte en face de Morey; là nous rencontrons un franc-tireur de la 1re compagnie des Pyrénées-Orientales; il nous fait le récit de l'escarmouche que sa compagnie eut à soutenir hier au soir, sur les neuf heures, avec les Prussiens, dont le résultat fut que ces derniers battirent en retraite.

Arrivés à environ cinq cents mètres de Gevrey-Chambertin, le colonel Celler vient vers nous et me donne l'ordre de prendre un sentier qui se trouve à notre gauche, lequel chemin aboutit au centre du village; au même instant les légionnaires qui suivaient les flancs de la montagne, entraient par l'autre extrémité du village; notre bataillon, que la compagnie laissa sur la route, continua son chemin.

Il est neuf heures lorsque nous sommes dans l'intérieur de Gevrey; au même instant des coups de feux se font entendre; nous nous embusquons quelques hommes, dans une impasse qui fait face au village de Brochon et a vue sur la route. Ainsi postés, il serait bien dangereux pour eux d'approcher. Notre position ne nous sert pas : un moment après on nous conduits dans la partie du village qui se trouve sur la droite de la route, et là on nous embusque, toute la légion, dans les jardins, où nous restons ainsi jusqu'à l'arrivée d'une patrouille de cavaliers prussiens, lesquels, à distance respectueuse, font halte; ils sont une douzaine, trois cavaliers sont détachés et entrent dans Gevrey; une fois dedans, ils s'aperçoivent qu'ils sont tombés dans un traquenard. C'est trop tard

pour faire demi-tour ; à bout portant, les légionnaires
déchargent leur chassepot et ils sont pris ; à ce bruit le
groupe de cavaliers part au grand galop, sans attendre
leurs camarades, un coup de canon leur est tiré dessus
sans les atteindre. Il est onze heures, nous nous réunissons sur la grande route ; là, le général Cremer nous
fait encore prendre position dans les rues de traverse. Du
bout de cette rue, on a vue sur la campagne ; je signale
à mes officiers que je vois des colonnes prussiennes à
l'horizon ; ils reçoivent avec incrédulité cette communi-
cation ; presque au même instant ma nouvelle est confir-
mée par d'autres personnages. Des officiers qui sont
montés sur le clocher, en redescendent en propageant la
nouvelle qu'il nous faut au plus vite regagner Nuits, si
nous ne voulons pas avoir notre retraite coupée. Il est
onze heures et demie, nous avons neuf kilomètres à faire.
Nous marchons d'un pas décidé ; arrivés à peu près vers
le chemin par où j'ai passé pour entrer dans Gevrey,
je vois des cadavres d'hommes et de chevaux qui sont les
preuves sanglantes du résultat de notre première fusillade. Voici un paysan qui arrive au pas de course, et dit
au colonel Celler qu'une avant-garde de trois cents hommes se dirigeait par Boncourt sur Nuits, et que cette
avant-garde était suivie de nombreuses colonnes ; au
même instant je signale un incendie au village de Boncourt ; le fait m'est contesté, cependant en approchant on
voit que je ne me suis pas trompé. A droite sur la montagne le canon gronde. Diable ! pris par la droite et la
gauche, cela devient grave. Nous doublons encore le pas,
et le soleil est chaud comme au mois de juin. Après
avoir dépassé Vougeot, à notre gauche, dans la plaine,
des cavaliers prussiens passent d'une vitesse, un véri-

table steeple-chasse. Ils se dirigent sur Dijon, quelques hommes à coup de chassepot leur font la conduite. En approchant de Nuits, nous voyons tout le long du talus du chemin de fer le 32e, déployé en tirailleurs ; ils font déjà le coup de feu. Il est une heure et quart lorsque nous sommes en place repos sur la place de Nuits. Des habitants nous procurent du vin et du pain, beaucoup ne veulent pas recevoir notre argent. Voici M. Celler, il passe devant les rangs en nous disant d'une voix très-douce : «Mes amis, nous allons aller reprendre des positions, les compagnies qui les occupaient sont en débandade, et vous pouvez marcher sans crainte, trente mille hommes de renfort nous arrivent. Il y a environ un quart d'heure ou vingt minutes que nous sommes en repos, lorsque nous recevons l'ordre de faire par le flanc droit, nous suivons la grande rue, vers la mairie, nous prenons à droite la route que nous avons prise pour aller à Argencourt et Boncourt ; arrivés aux dernières maisons, nous tournons à gauche d'où nous retombons sur la grande route de Nuits à Gevrey, celle que nous avons parcourue ce matin. Nous nous arrêtons lorsque la gauche du bataillon est en ligne sur la route, et immédiatement le capitaine Bourgognon commande la première section de chaque compagnie en tirailleurs, le capitaine Janin me donne l'ordre d'emmener cette section ; de suite nous escaladons le talus de la route et nous marchons en avant à travers les échallas, et nous pataugeons dans une boue affreuse ; les balles et les boulets commencent à siffler à nos oreilles. Dans ce moment critique, une très-mauvaise manœuvre s'exécuta, voici comment : les sections sont très-fortes, ce qui fait que déployant droit devant, nous n'avons pas l'espace nécessaire pour faire le déploiement. Ainsi nous marchons en troupeau de moutons ; le capitaine Bourgognon donne l'ordre d'obliquer à gauche pour prendre nos distances, même, pour que le mouvement soit plus vite exécuté, il commanda par le flanc gauche, les hommes connaissant très-peu la manœuvre, quelques officiers de même, ou n'ayant pas entendu les commandements de M. Bourgognon. Il arriva que nous nous trouvons bientôt, les compagnies toutes mélangées, et notre ligne de tirailleurs dans les mêmes conditions qu'au point de départ, c'est-à-dire que nous marchons par groupe. Je ne sais pas comment les autres compagnies s'arrangèrent pour arriver à ce résultat, mais pour la mienne je peux préciser les faits, dont voici le rapport dans tous ses détails :

En escaladant le talus, je commandai : en tirailleurs sur la file du centre, à cinq pas prenez vos distance, et je pris mon point de direction droit devant moi. Après l'observation de M. Bourgognon, d'obliquer à gauche, je fis exécuter le mouvement, nous nous trouvons encore les uns sur les autres. Nous fîmes par le flanc gauche, c'était le seul côté par lequel nous pouvions prendre nos intervalles, la droite touchant les habitations de Nuits. Il arriva pour ma compagnie que, dès le début du mouvement, nous nous trouvons dans les rangs de la 3e (la 4e compagnie n'y est pas). L'officier qui commande cette section, M. Lagrèle, se fâche ; pour l'apaiser je lui transmets l'ordre donné, au lieu d'en prendre note, il me demande brusquement où étaient mes officiers ; je lui réponds que j'en tenais lieu pour le moment, puisque j'avais le commandement d'une section, d'ailleurs j'étais un ancien soldat et que je savais manœuvrer. Pendant ma réponse, il obliqua franchement à droite et, pour réponse à mes observations, nom de d..., allez chercher vos officiers. Comme le moment n'était pas choisi pour cette commission, je fis de mon mieux pour tout concilier et la manœuvre et l'officier. Ce ne fut pas possible, nous arrivâmes jusque vers le buisson qui sert de garde-fou à la voie ferrée en échangeant de grossiers propos, et le mélange des compagnies s'opérant de plus en plus.

Nous sommes en ce moment à quelques pas d'un petit pont qui se trouve à notre droite, nous recevons l'ordre de traverser la voie ferrée ; en cet endroit ce n'est pas une manœuvre bien facile, les talus sont de chaque côté en maçonnerie et ont environ trente pieds de hauteur; cependant nous ne restons que quelques minutes pour franchir cet obstacle. Une fois de l'autre côté, on commande en retraite ; à peine revenus à notre buisson, on recommande, en avant, et cette fois nous dépassons les lignes du chemin de fer. Ce mouvement ne s'exécute que fort partiellement, ce qui fait que l'on n'arrive, comme résultat qu'à avoir beaucoup de monde blessé et pour ne pas rendre le réciproque aux Prussiens. Nos officiers supérieurs reconnaissent aussi le peu de réussite de ce mouvement, car ils font battre en retraite, pour aller nous réembusquer derrière les talus du chemin de fer, d'où nous pouvons abimer l'ennemi, sans éprouver une grande perte. A ce commandement, je fais demi-tour en prenant mes dispositions pour l'exécuter au pas gymnastique. M. Lagrèle vient encore vers moi, il me radresse la parole en ne me parlant ni plus ni moins que de me faire passer en cour martiale, pour battre ainsi en retraite, comme fuite devant l'ennemi. Comme telle n'est pas mon intention et qu'après tout c'est un officier, je ne lui réponds plus rien.

Nous voilà derrière les talus, toutes les compagnies pêle-mêle, quelques hommes du 32ᵉ de marche, et des chasseurs du Rhône; deux de ces derniers sont à côté de moi, à chaque coup qu'ils tirent, c'est une série de bons mots, on se croirait au théâtre; dans ce moment les projectiles sifflent dru aux oreilles et dessus nos têtes, beaucoup roulent en bas du talus pour ne plus se relever, quelques-uns ne sont que blessés, dans cette circonstance je vois la plupart des officiers, M. Lagrèle le premier, faire marcher les hommes, étant en bas du talus, où ils sont à l'abri de tout danger; cela ne dura pas longtemps pour le malheur de tous, car voilà que par notre gauche nous sommes tournés, il en résulte que ceux qui sont sur les rails ne sont plus exempts de la distribution, les balles sifflent en tous sens. Ce malheur, pour moi, est le résultat de ce que notre ligne de tirailleurs n'a pas été plus étendue, comme elle devait l'être, et ne pas s'être immédiatement retranchée derrière les talus; dans ce moment suprême quelques sonneries de clairons se font entendre, de même que depuis le commencement de l'action. Par le plus grand nombre des officiers elles sont mal interprétées; sonne-t-on en avant, des officiers commandent en retraite, et d'autres *vice versa;* est-ce la sonnerie de : cessez le feu! il en est de même et ainsi de suite, pour mieux dire chacun est arrivé à manœuvrer comme il l'entend. Où j'étais, vers le petit pont, nous sommes là environ une quarantaine, étendus sur le revers du parapet; pour décharger nos armes, nous débusquons notre buste; pour les recharger nous nous mettons à l'abri et ainsi de suite, sans se préoccuper de ce qui se passe sur le reste de la ligne. Drevet est à me côtés, Mouterde quelques pas plus loin; cela dura environ jusqu'à trois heures et demie ; à ce moment, à ma droite, j'entends pousser des houras, je regarde et je ne vois plus en fait que de légionnaire, qu'un officier entièrement debout sur le talus, élevant son sabre pour rallier des hommes, c'est le lieutenant Démarot. Une douzaine à peine ont répondu à son appel, ils ont tous la baïonnette au canon ; les autres légionnaires sont déjà de l'autre côté du chemin de fer, à peine ai-je envisagé cette scène qu'une autre terrible succède, car elle nous donne la preuve que nous n'avons pas le dessus. Voici, mon officier qui dégringole ainsi que les hommes qui sont à ses côtés, et à leur place succèdent des Prussiens. Je ne sais à quel corps ils appartiennent, mais ce sont tous de beaux hommes, ils portent le casque et crient comme des possédés. Ni une, ni deux, nous descendons les talus et pour remonter l'autre côté, outre les difficultés que l'on a pour y arriver, on a l'agrément d'être canardés à bout portant. Ma foi, une fois en haut, je ne puis plus me tenir ; pour compléter la situation, devant nous je ne vois que quelques hommes, la position est complétement abandonnée. Alors je reprends le chemin de Nuits ; je ne puis mettre les pieds l'un devant l'autre, d'autant plus que l'on enfonce dans la boue, et les balles sifflent ; à chaque seconde des échalas sont brisés à mes côtés ; j'arrive ainsi sans avoir de mal aux postes de Nuits, je ne vois encore personne. Est-ce que la ville serait déjà abandonnée ? J'entre tout de même ; arrivé devant la mairie, je vois quelques groupes, parmi eux quelques-uns de la 2ᵉ légion, ce sont les premiers que je vois, et au milieu de toute cette cohue pas l'ombre d'un officier, ce qui fait que tous vont et viennent, ne sachant que faire, où donner de la tête, car les balles sifflent en tous sens ; moi, je me dirige vers notre cantonnement à l'entrepôt Brintet, pour prendre mon sac et voir les camarades de la compagnie, s'il y en a; pas possible d'avoir mon sac, c'est fermé ; en fait de camarades je vois le lieutenant Lesage; nous nous concertons sur ce que nous pouvons bien faire ; tout pesé il ne nous reste plus qu'à suivre la route de Chaux, monter sur la montagne, rejoindre notre artillerie, mouvement qui est déjà exécuté par les deux tiers de la légion, à en juger par l'aspect des chemins et des hauteurs où on ne voit que des têtes.

Sur ma route, le premier officier que je rencontre et auquel je fais attention, c'est M. Cosserat, notre porte drapeau ; il a les mains vides, qu'est donc devenu notre drapeau ? Cela me fait remarquer que je ne l'ai pas aperçu de la journée et ressouvenir de notre partie de chasse de Châteauneuf, là, où à notre retour les trois couleurs flottaient au vent. Qu'y faire, quoi, c'est comme cela ! Je fais encore la remarque de n'avoir pas aperçu M. Valentin, depuis que j'ai été ce matin lui demander le mot de passe. Des légionnaires me renseignent que son cheval l'a flanqué par terre, et il est arrivé que ce fâcheux accident eut un bon résultat pour nous, parce que dès les premiers coups de canon qui furent tirés du côté de Chaux, il réunissait tous les malades valides et les cuisiniers, et quoique souffrant, le voilà avec ses hommes contribuant à repousser complétement l'ennemi de ces parages.

Arrivés vers nos batteries, je vois avec plaisir que nos artilleurs ne s'arrêtent pas de faire cracher de la mitraille sur l'ennemi. Les Prussiens y répondent, leurs boulets se succèdent ; ils en couvrent les hauteurs. Cela nous fait juger qu'il n'est pas possible que la légion se réunisse de ces côtés ; nous prenons la direction de Beaune ; je vois le capitaine Janin, Martin, Chénelas et d'autres encore de la compagnie ; ce sont des embrassades, et de se questionner sur le sort des camarades, des amis. J'en apprends de bien tristes : Bender, Bernard seraient morts. Ces renseignements, ainsi que tous ceux qui me sont donnés concernant le sort de nos amis, je ne les croirai exacts que dans quelque temps, pour aujourd'hui cela n'est pas possible.

Le jour tombe, nous avons déjà fait du chemin ; je suis avec Martin et Chénelas ; nous arrivons sur un plateau qui domine le village de Premeaux, ainsi que toute la plaine ; de ce point d'observation nous nous rendons compte que tout n'est pas fini. Des villages de Quincey, Argencourt, Boncourt, Vougeot et de plusieurs autres directions, les pièces prussiennes ne décessent de vomir de la mitraille sur les hauteurs que nous occupons, je me figure qu'ils en font autant sur Nuits. S'ils agissent ainsi, c'est que la ville est en notre pouvoir ; alors nous descendons à travers les bois pour prendre la route de Nuits ; pendant ce trajet nous apercevons dans les vignes, entre la route de Beaune et Quincey, une colonne de troupe française ; elle tient en respect les Prussiens qui voudraient nous couper notre ligne de retraite. A gauche, voici un autre triste coup-d'œil : de grosses flammes s'élèvent au-dessus de Nuits, les pauvres habitants se rappelleront du 18 décembre, je crois que pour eux comme pour nous, rien ne manque à cette journée de boucherie.

A Premeaux, nous entrons chez un paysan manger un morceau en buvant un verre de vin ; ces gens sont très-affables, ils nous plaignent et nous donnent la nouvelle suivante, pour positive : que les renforts que nous attendions ne sont pas arrivés, suite de la mauvaise organisation de l'administration du chemin de fer ; un seul bataillon du 57e régiment de ligne put se mettre en ligne. C'est cette colonne, que j'ai remarquée, qui empêcha les Prussiens de complétement nous englober.

Nous voici sur la route, décidés à rentrer dans Nuits : Martin, M. Bellemain, Ricci, le fourrier Clermont et encore quelques-uns, nous dépassons les bagages, et approchons toujours ; les hommes mettent baïonnette au canon pour se garer en cas de surprise ; près d'arriver, à gauche, dans un fossé, des hommes relèvent un blessé ; ils veulent le mettre dans une toile de tente pour avoir plus de facilité à le transporter ; ils ne sont pas assez forts, ils nous demandent à ce que nous leur aidions. Martin et un autre s'offrent et me donnent leurs armes ; je n'ai pas mis ces fusils sur mon épaule, qu'un feu de deux rangs, quelques-uns disent une mitrailleuse, nous envoie des balles, en veux-tu en voilà. Allons, il faut absolument faire demi-tour ; arrivés au bagage, ils font aussi demi-tour, les balles les ont atteints, le 57e qui est sur la route en fait autant. Un paysan nous prend sur sa voiture et nous conduit jusqu'à Ladoué ; là je trouve Charveriat, et ensemble nous allons à Beaune. Des gendarmes font faction aux portes et nous empêchent d'entrer ; nous causons avec quelques civils, lesquels nous regardent de travers ; ils nous disent que nous nous sommes mal conduits et que nous ne serons pas reçus comme précédemment ; il n'y a pas d'explication possible ; sans rien leur répondre nous entrons dans un établissement, en attendant que la consigne soit levée, ce qui arriva assez tard. Entrés, nous allons chez la mère Auray nous restaurer ; après ce repas, nous allons de suite nous reposer.

Lundi 19 *décembre.*—Au jour, la marche de la légion sonne plusieurs fois, je vois le moment qu'il m'est impossible de me lever tellement je suis brisé ; Charveriat est dans le même état que moi, il a de plus son pantalon en lambeaux, occasionné par nos promenades à travers les échallas, par la mauvaise qualité du drap, et chose extraordinaire, tout percé de balles et pas une blessure. Voici Lesage qui vient nous faire lever ; pour faciliter cette manœuvre à Charveriat, il va lui acheter un pantalon.

La légion part à huit heures, le commandant Valentin marche en tête, il est à pied : Charveriat, Martin, Chenclas et moi, nous ne partons qu'à huit heures et demie ; en route nous apprenons que Celler est presque mort, M. le commandant Clos, blessé, le capitaine Bourgagnon et le sous-lieutenant Heuriot, tués ; de la compagnie les sergents Bernard, Bender, tués, Mouterde, Ogier, Drevet disparus ; Devienne, on assure qu'une balle lui a traversé le cou ; enfin les récits ne finissent plus. Les deux tiers de la légion manquent, ces absences donnent prise aux commentaires ; cependant un fait dont je suis certain, c'est que nous avons beaucoup de monde à travers la montagne ; beaucoup sont encore à Beaune, et il faut bien quelques jours pour tous les réunir ; ce n'est qu'à ce moment que l'on pourra savoir à quoi s'en tenir.

Nous traversons plusieurs villages encombrés de mobiles ; je réfléchis pour essayer de comprendre pourquoi tous ces gens, si près de nous, ne sont pas venus nous prêter main-forte. Mes raisonnements aboutissent à comprendre encore moins, car toutes les causes auxquelles on peut attribuer cela, sont malveillantes, il faut espérer que plus tard les rapports des officiers généraux éclairciront ces faits.

Au village de Corpeau (1 kilomètre de Chagny), M. Valentin fait le rapport; je réponds comme sergent-major en place de mon major et ami Drevet.

Nous faisons la grande halte à Chagny et allons cantonner à Rully, village qui paraît riche; son beau château appartient au comte de Montessui.

Charveriat et moi nous logeons chez M. Mignotti (Pierre), vigneron; Charveriat remplit les fonctions de fourrier en remplacement de Balland, blessé.

Mardi 20 décembre. — Nous partons sur les huit heures, les compagnies sont un peu plus fortes que hier au soir, ce matin, un grand nombre de légionnaires sont encore arrivés, quelques-uns déguisés; ceux qui étaient à Nuits n'ont pu s'échapper qu'ainsi; mon frère arrive habillé en peintre, il a passé la nuit de dimanche, caché dans un confessionnal.

En route, Vitton nous rejoint; il arrive de Lyon, et nous apprend qu'à son départ toute la population était vivement impressionnée de notre affaire de Nuits.

Le seul grand village que nous passons est Champforgueil, de bonne heure nous arrivons à Chalons; bien du monde nous regarde défiler, quelques-uns pleurent de voir le triste état où nous sommes; ces gens ne nous plaignent pas à tort, un tiers de la légion a des pantalons tout déchirés, quelques-uns même n'ont que leurs caleçons, et pour ainsi dire tous nous n'avons plus nos sacs. C'est-à-dire point de linge pour nous changer, et point de brosses pour nous nettoyer ; ce qui fait que nous sommes fort malpropres. Un autre désagrément se joint à ceux-ci, il fait un froid excessif, avec accompagnement d'une bise qui vous cingle la figure à nous la maintenir de continue, d'une teinte violette.

Je suis logé chez le nommé Boisvieux, bonnes gens au possible. Lesage, Charvériat, Arnaud, Vitton et moi nous passons notre après-dîner ensemble, et nous trouvons moyen de la passer agréablement ; ce qui fait dire à Vitton : ce que c'est que le métier de soldat ; la petite famille a perdu plusieurs des siens, elle a serré les rangs, et c'est à peine si elle se rappelle les absents.

Nous sommes toujours bien fatigués, nous allons nous reposer de bonne heure.

Mercredi 21 *décembre.* — Toute la journée, pluie, froid et vent, rien de nouveau comme événement, si ce n'est que nous apprenons qu'à Lyon, à propos de la bataille de Nuits, il y a eu une émeute ; qu'un officier de la garde nationale, le commandant Arnaud a été tué, il se trouve d'être le cousin de notre ami Arnaud. Puis que l'armée de la Loire a subi de graves échecs ; et enfin, qu'un grand nombre de Lyonnais sont ici pour s'assurer du sort de leurs enfants ; le papa Drevet est du nombre, nous ne pouvons le renseigner, il part à Nuits ; à propos de Nuits, nous avons la nouvelle officielle que les Prussiens ne l'occupent pas.

Jeudi 22 *décembre.* — Nous déjeûnons avec la petite famille aux *Vendanges de Bourgogne ;* là, un légionnaire me certifie que notre pauvre Drevet est mort.

A l'appel, nous sommes passés en revue par notre nouveau général M. de Busserolles, il nous dit que nous allons reprendre l'offensive; à cet ordre, la légion d'un commun accord, réclame à grands cris d'aller à Lyon; le général ne répond rien, il passe froid, impassible au milieu des rangs.

Le rapport nous donne l'ordre de nous tenir prêts à partir sans aucune autre instruction.

Ce soir, nous dînons à l'hôtel de Provence; nous nous trouvons avec des officiers d'autres compagnies, lesquels approuvent d'un commun accord, la décision du général; parmi ces Messieurs se trouvent les nommés M... et R... que plus tard nous retrouverons, mais n'agissant pas logiquement avec les sentiments qu'ils expriment en ce moment.

XV

Vendredi 23 décembre. — Pour notre appel de sept heures, nous endurons un froid terrible, nous y recevons l'ordre de nous tenir prêts à partir pour neuf heures, sans autres renseignements.

A neuf heures, en route; nous retournons à Chagny. Arrivés, on nous donne un logement impossible, nous sommes dans les bâtiments de la verrerie où il n'y a pas de paille, les vitres en partie cassées, et pas possibilité de faire du feu, cela exaspère la plupart des légionnaires, chacun cherche à se loger en ville. La petite famille, par l'intermédiaire de Vitton, loge chez M. Fortoul.

Chagny est plein de troupes; toutes faisant partie de l'armée de la Loire; la plupart, nous nous sommes déjà vus à Chaudenay; il paraît qu'il y a encore, par ici, une nouvelle concentration de troupes; à propos, à Châlon, tout le temps de notre séjour, il en est passé jour et nuit, sans décesser; par exemple, ce ne sont pas des troupes fraîches, hommes et chevaux n'ont plus que la peau et les os.

Samedi, 24 *décembre*. — Notre étape d'aujourd'hui est Beaune; comme température, nous sommes dans les mêmes conditions qu'hier; arrivés, chacun va se loger comme il l'entend. Cette manœuvre s'exécute assez promptement, parce que les habitants n'ont pas changé de manière de faire avec nous; ils sont aussi charmants que le premier jour de notre premier séjour.

Charvériat Vitton, Arnaud, Lesage et moi, prenons pension chez mon propriétaire, M. Perdrier.

La petite famille reçoit ce soir l'annonce officielle qu'elle va être désorganisée; le sergent Arnaud, que nous appelons *Louis XI*, à cause de son mauvais caractère, passe sous-lieutenant, Lesage lieutenant; tous deux entrent en fonctions dans d'autres compagnies, cela fait que nous allons être bien dispersés; à cette occasion, je dirai que nous n'avons encore pas de nouvelles officielles de nos amis Drevet, Ogier et Mouterde; quant au lieutenant Joly, il nous a rejoint aujourd'hui, et aujourd'hui même il rentre de nouveau à l'hôpital, la petite vérole s'est déclarée; il n'est véritablement pas heureux.

A propos de nominations, pour toute la légion, il y a du nouveau; tous ces emplois vacants, comme officiers, sous-officiers et caporaux sont remplacés; quoi, un remaniement complet. Cela ne rend gais que les intéressés et encore pas *tous*, car le grand nombre de ces nominations nous prouvent que réellement nous avons été sérieusement décimés.

Dimanche, 25 décembre. — C'est aujourd'hui la Noël ; nous passons cette journée de fête, à assister à divers appels et à faire des distributions de toute nature, habillements, munitions de vivre et de guerre... Le temps n'est pas de la fête non plus ; de notre lever à notre coucher, le ciel reste sombre, la neige tombe en abondance, la bise souffle très-fort. Ceux qui sont de service et qui ont le malheur d'être mal habillés se rappelleront cette Noël.

Lundi, 26 décembre. — Depuis quelques jours, je suis fatigué à ne pouvoir, malgré toute ma bonne volonté, remplir mes fonctions de sergent-major, je vais à la visite de M. le docteur, lequel, ainsi que mon capitaine et M. Valentin, me signent, non sans difficulté une permission de convalescence pour Lyon ; à une heure, je prends le train.

Il est minuit lorsque j'arrive à Lyon ; pendant ce trajet je remarque que cette ligne de voie ferrée est complètement supprimée pour le civil, et que les gares de Châlons sont encombrées d'une énorme quantité de pièces d'artillerie.

Dans Lyon, je rencontre vers le pont de Serin, sur la place des Terreaux, sur la place Louis XVI, des bataillons des régiments du 61e et 62e de marche ; ils partent s'embarquer au chemin de fer en chantant des chansons républicaines, malgré l'heure avancée de la nuit, cela leur est permis.

XVI

Dimanche, 1er janvier. — Je passe encore cette journée à Lyon ; j'ai fixé mon départ pour cette nuit, par le chemin de fer des Dombes ; la légion n'étant plus à Beaune, j'ai été renseigné qu'ils étaient partis le lendemain de mon départ pour Besançon, en passant par Mâcon et Bourg.

Pendant ces six jours, j'ai rendu plusieurs visites aux parents de mes amis de la compagnie ; dans une d'elles, j'apprends que notre ami Drevet est bien mort, que Mouterde a le bras gauche amputé, Ogier est blessé, pas grièvement, et tous deux sont à Dijon. En passant dans les rues pour rendre ces visites, je suis questionné, toisé, que mes promenades arrivent à être des corvées, ne pouvant rendre réponse à toutes les questions qui me sont faites. Quant à ce qu'il y a d'être toisé, j'en déduis que la première légion, pour le moment, nous avons une réputation de zouaves (de ceux d'autrefois).

Le colonnel Celler a succombé à ses blessures ; ses funérailles ont eu lieu mercredi 28 ; des députations de la légion y assistent. M. Valentin lui succède, le commandement de la légion lui est confié.

L'affaire Arnaud occupe beaucoup les esprits ; d'après les divers récits que l'on m'a racontés et ceux dont j'ai pris connaissance sur les journaux, ce drame a été un affreux assassinat, occasionné, je ne saurais cependant préciser les faits, à cause de notre bataille de Nuits.

A propos de la bataille de Nuits, hier samedi, en lisant le journal, une surprise m'était réservée ; dans une de ses colonnes, je lis un décret, par lequel M. Gambetta me confère, ainsi qu'à plusieurs autres légionnaires, la médaille militaire, à la date du premier janvier. Le décret termine, qu'il était heureux de donner des étrennes ainsi à la première légion... Je répondrai à M. Gambetta, que s'il fut heureux, il ne fut pas le seul, car des étrennes pareilles ne se renouvellent pas plusieurs fois dans le cours de la vie.

XVII

Lundi, 2 janvier. — A cinq heures et demie, je pars ; au jour, nous sommes arrêtés à la station de Pézieux, deux trappistes y quittent le train ; un voyageur me dit qu'il y a un couvent dans le pays, habité par plusieurs centaines, mais que dans ce moment ils étaient une grande partie dans l'armée ; je ne savais pas encore que des ordres religieux aient fourni des contingents. Je trouve de leur part cette manière d'agir, logique ; dans les circonstances présentes il ne devrait pas même exister des titres d'exemption. La station après Pezieux, a, pour chef de gare une jeune fille d'environ 18 ans. Il paraît que la compagnie de ce chemin de fer a aussi fourni son contingent. A midi, nous arrivons à Lons-le-Saunier, le train ne va que jusqu'à Mouchard, je prends permission de cette journée pour la passer avec mes amis.

Mardi, 3 janvier. — A six heures et demie, je suis à la gare ; le premier train pour Besançon n'est pas encore arrivé ; il est en retard de cinq heures, les rails sont tellement verglacés, qu'il ne peut avancer ; à onze heures seulement nous partons, cela fait un retard de près de dix heures, si cela continue quand arriverons-nous… A Arbois nous voyons les débris d'un train qui a déraillé et s'est brisé ; 48 chevaux, me dit-on, y sont restés ; les conducteurs et voyageurs n'ont pas eu de mal. A Mouchard, le train change de direction, il va à Dôle ; pour Besançon, l'administration n'a point de train d'avisé ; j'attends quand même, bien m'en prit ; sur les cinq heures il en passe un, lequel marche de la même vitesse que celui de ce matin. Ce qui fait que j'arrive tard à Besançon ; en débarquant, à ma grande surprise, je vois des légionnaires faisant faction ; il est bon de dire que beaucoup de personnes m'avaient renseigné comme positif que la légion était à Cherval, et pas du tout, ils sont à St-Fargeux.

Le sergent de garde est mon camarade Millet, il est avec Gay, Dupuy, Guillaumin ; ils me font entrer dans leur corps de garde qui est, ni plus ni moins, la salle d'attente de première classe ; ils sont là, tous, se délassant dans des fauteuils bien rembourrés, tout en se chauffant devant une grille splendide. M. l'abbé Lefèvre leur tient compagnie ; ils me font asseoir à côté de lui, c'est la deuxième fois de ma vie que je cause avec M. l'abbé ; la première, ce fut quelques jours avant que je parte en Italie, faire la campagne de 1859.

Je n'accepte pas de coucher au poste, je pars rejoindre ma compagnie, bien m'en prit ; en arrivant, je suis obligé de répondre à la sonnerie de : au sergent-major. Nous recevons l'ordre de partir pour demain matin ; pour communiquer cet ordre, je ne trouve pas l'état-major de ma compagnie, ils sont tous absents. En place, je serre la main au sous-lieutenant Arnaud, lequel est de garde, au lieutenant Lesage et au sergent Jules Brun ; il est environ minuit, lorsque je m'asseois sur un petit tabouret de piano, que je place près d'une grille pour passer la nuit.

Cette habitation est la propriété de M. du Tois.

Mercredi 4 janvier. — Nous partons sur les huit heures et demie, nous contournons la ville de Besançon ; dans son faubourg, les Chaprais, nous faisons une halte prolongée ; là, passent devant nous beaucoup d'artillerie, puis le 21e chasseurs à pied de marche, et le 87e mobiles (Basses-Pyrénées) ; tous ces hommes, en général, toussent sans discontinuer, cela fait une vilaine musique.

Nous faisons grand'halte près du village de Marchaux les hommes qui n'ont pas fait le café sont obligés de serrer le ceinturon d'un cran, car, dans le village, pas possible de se procurer des vivres.

Nous cantonnons à Chaudefontaine (14 kilomètres de Besançon) ; nous sommes les premiers arrivés au gîte, ce qui nous permet de regarder défiler les camarades ; tout le restant de la journée et toute la nuit il passe de l'infanterie et de l'artillerie, rien ne manque. Je vois parmi tout ce monde les états-majors de Busserolles et de Bressoles, ce dernier a pour cavaliers d'escorte tous les élégants de notre escadron de la garde nationale de Lyon ; ses officiers d'état-major sont reluisants d'or, des pantalons de drap rose, c'est de la dernière élégance, on se croirait à une grande parade.

Je couche au poste par punition, pour n'avoir pas fait ma situation, plusieurs collègues me tiennent compagnie pour le même motif. M. le colonel voulait que nous fassions faction, cette dernière partie du programme ne fut pas exécutée.

Jeudi 5 janvier. — Nous passons la journée à Chaudefontaine, il fait bien froid et il y a beaucoup de neige ; des troupes ne décessent de passer, de l'artillerie principalement ; le chemin est en pente et est arrivé, à force d'être piétiné, à être une terrible glacière, les hommes, les chevaux, tout tombe.

Le colonel nous fait passer la journée à établir des états, copier des rapports, etc., il ne laisse pas une minute de repos à ses pauvres sergents-majors.

Vendredi 6 janvier. — Nous partons à huit heures, nous marchons presque toute la journée ; nous suivons toute espèce de chemins, grandes et petites routes, petits sentiers à travers des bois, même pour arriver à l'étape ; nous descendons une montagne en glissant une partie du trajet sur notre derrière, et cela en marchant, pas dans des pouces, mais bien dans des pieds de neige ; de plus, toute la journée, peu ou beaucoup, il neige. Le premier village que nous voyons, et que nous laissons à notre gauche, est Corcelles ; dans les environs se trouve celui de Loche, où était le quartier-général, je ne l'aperçois pas. Voici Lusan, où, dans un pré, tout un régiment de mobiles, l'arme au pied, nous regarde défiler, et successivement Villers-Grelot, Labretanière ; dans ce dernier, la 2ᵉ légion y a cantonné ; pour se mettre en marche, ils attendent que nous ayons défilé, en tête de leur colonne ils ont la compagnie des francs-tireurs de la Garonne. C'est aussi de ce village à celui de Fontenotte que nous traversons des bois, en en sortant nous passons dans le bivouac d'une grand'garde, qui est montée par les mobiles de Tarn-et-Garonne. Nous faisons une halte d'un quart d'heure à celui de Laixiol. Dans la baraque où nous entrons, la paysanne nous raconte que, samedi et dimanche, des cavaliers et des fantassins prussiens sont venus leur rendre visite. Nous lui demandons s'ils avaient été bien effrayés, elle répond : oh non ! Ils étaient bien beaux garçons et chantaient *bien beaux...* De ce village nous allons à celui de Verne ; lorsque nous y passons, l'horloge de la paroisse sonnait trois heures. Ce village est occupé par les 3e, 5e et 7e mioblots. Voici Rillans, le 21e chasseurs à pied y prend cantonnement ; nous, nous montons sur la montagne et en redescendons pour prendre cantonnement à Trouvous. Ce fut cette descente que nous opérons, quelques-uns, sur notre derrière. Tout le pays que nous avons devant nous est parsemé de villages ; tout à fait devant nous est le village de Huanne, une colonne en sort en chantant à tue-tête, cela à l'occasion qu'ils ont fait un certain nombre de prisonniers ; au-dessus de ce village, sur la montagne, est celui des Puessans ; à notre droite, sur le versant d'un coteau, est Mesandas ; tous ces villages, nous les occupons. Le paysan chez lequel nous logeons nous dit que des prussiens sont venus aujourd'hui faire le coup de feu, cela m'explique les prisonniers de Huanne.

Samedi 7 janvier. — Nous faisons séjour dans la maison où nous sommes, le vin ne manque pas ; pour manger, c'est une autre affaire ; les appartements sont combles de troupiers, et celui qui tient la poêle ou la marmite la tient bon.

Dimanche 8 janvier. — Nous partons à huit heures et demie ; nous nous arrêtons longtemps vers Huanne, puis encore un demi-kilomètre plus loin, dans un pré, nous y faisons halte jusqu'à midi un quart ; pendant tout ce temps, nous voyons défiler des masses de troupes sur les flancs de la montagne, où sont les villages de Mesandas et Romain ; ce dernier était occupé par les 60e et 61e régiment de marche, ainsi que le 21e chasseurs à pied, et, avant-hier, par les Prussiens.

Il est midi lorsque nous nous mettons en marche, et une heure et demie lorsque nous quittons la grande route. Romain se trouve 1 kilomètre plus en avant ; nous grimpons sur la montagne par des chemins à peine frayés ; arrivés au sommet, nous avons un riche coup d'œil, tout ce pays est semé de villages. A travers deux mamelons, nous en apercevons un qui est très-grand, chacun dit que c'est Rougemont et qu'il est occupé par les Prussiens ; tout à fait sur le plateau, nous passons Fontenelle ; en approchant de ce village, nous apercevons une colonne de lanciers, ils viennent de notre côté ; ce renfort nous réjouit tous ; *primo* parce que c'est le premier corps de cavalerie que nous rencontrons depuis que nous sommes en campagne ; *secundo*, nous présumons qu'avec ces camarades le service d'éclaireurs pourra se faire convenablement, ce qui ne s'est pas fait jusqu'à ce jour.

Un kilomètre après avoir dépassé Fontenelle, la route est complétement transformée, au lieu de nous trouver en plaine, nous sommes dans une gorge bien étroite, encore quelque pas et l'aspect de la route change de nouveau, maintenant elle descend dans une vallée et on a la vue d'un beau panorama. Tout droit devant nous, c'est le château de Moustiers, habitation princière. A notre gauche, tant que la vue peut s'étendre, nous apercevons des villages, celui vers lequel nous nous dirigeons est Nans-Brunel, à gauche, nous laissons Cuse, tout à fait derrière ce dernier, nous voyons cette fois très-bien Rougemont.

A Nans, nous faisons une petite halte ; de là on voit, près du sommet de la montagne que nous venons de quitter, un petit château-fort, qui est incrusté contre les parois, on ne peut se rendre compte comment on peut y parvenir, si ce n'est par des chemins souterrains, vu que cette montagne, de ce côté, n'a pas de versant. De son sommet au fond de la vallée, c'est une muraille droite construite en gravier par dame nature.

Pour arriver au château de Moustiers, il nous faut faire une nouvelle ascension, la route passe devant l'habitation seigneuriale ; nous voyons la cour remplie de cavaliers, de fantassins, d'officiers de toutes armes. C'est notre général de division Bressolles qui y a établi son quartier général. Le village de Cubry, où nous passons après, le 21e chasseurs à pied y reste. Nous arrivons qu'il fait grande nuit à Abbenans ; nous sommes tous logés, pour mieux dire, entassés les uns sur les autres.

Les habitants me disent que, jeudi, une forte colonne prussienne a passé dans le village.

Tous les sous-officiers dînent ensemble, le cuisinier nous fait manger tellement salé que nous passons le restant de la soirée à boire sans pouvoir nous désaltérer, heureux nous sommes dans notre malheur, car nous trouvons à nous procurer du vin.

XVIII

Lundi 9 janvier. — A cinq heures, debout ; à sept, nous allons sur les montagnes qui sont au-dessus d'Abbenans, prendre des positions ; les sentiers que nous suivons sont bien mauvais : on patine à faire plaisir, un pas en avant, deux en arrière. Pour nous placer en ordre de bataille sur le plateau que nous occupons, il nous faut piétiner un épais manteau de neige ; nous sommes arrivés sur les huit heures, jusqu'à neuf nous y restons, tout le temps la neige tombe ; vu la longueur de cette pause la plupart avons mis sac à terre, et ils nous servent de chaise, dans cette position nous n'avons d'autres préoccupation que celle de réfléchir à cette belle vie de soldat. Il y en a qui y réfléchissent tellement qu'ils dormaient, lorsqu'à neuf heures des coups de canon se font entendre ; à ces détonations succèdent des feux de mousqueterie, cela ne dure qu'un instant, et tout rentre dans le silence. Le colonel nous fait prendre les armes en nous disant qu'une colonne prussienne était égarée et qu'il comptait sur la première légion pour les faire prisonniers.

Nous redescendons à Abbenans, le canon, la fusillade se font entendre de plus belle, nous ne voyons rien, cependant le lieu de l'action ne peut pas être éloigné, nous entendons les détonations trop distinctement ; les officiers disent que l'action est engagée à Villers-Sexel. Nous suivons la grande route, et nous passons les villages de Fallon, Mélecey, Gearfans et St-Ferjeux. A ce dernier, un bataillon qui est devant nous (je crois que c'est le 3ᵉ) y entre et prend direction du côté de Villers-

Sexel ; à ce moment la canonnade qui avait cessé résonne plus fort que ce matin, et cette fois nous voyons la fumée des pièces et le lieu de l'action ; le 1er bataillon continue de marcher en sens opposé ; près d'arriver à Vellechevreux, nous voyons à notre droite, sur la crête de très-hautes montagnes, cela très loin, défiler de fortes colonnes ; c'est, dit-on, la colonne prussienne qui bat en retraite.

Vellechevreux est plein de troupes, d'artillerie surtout, nous ne faisons que passer. Pour arriver au village de Secenans, nous ralentissons la marche, les Prussiens sont, paraît-il, par là ; nous arrivons cependant... Par ce que nous apprenons c'est bien une réalité, nous sommes en ce moment nez à nez avec l'ennemi, il n'y a environ qu'une heure qu'ils ont évacué Sécenans ; le colonel nous fait occuper le plateau qui est au-dessus du village, puis ensuite tout seul il fait le service d'éclaireur aux environs de Sécenans, une ou deux compagnies sont en tirailleurs ; à la grande nuit nous entendons plusieurs décharges d'obusiers, tout à côté de nous, cela n'empêche pas que l'on nous cantonne. Oui ! c'était pour rire ! A peine avons-nous mis les pieds dans nos logements, que l'on se rallie de nouveau, et nous allons au village de Crevans. Dans la grand-rue nous formons les faisceaux, puis l'on nous dit que nous pouvions rompre les rangs et revenir dans une heure. J'entre dans une maison, laquelle est envahie par la première compagnie ; le propriétaire et toute sa famille mettent la maison et leurs vivres à notre disposition. Il faut que ces gens soient riches et patriotes. L'heure est écoulée, ma compagnie n'a pas encore d'ordre, une heure après, pas plus, quelques instants après j'y retourne, plus personne. Cela me contrarie vivement, cependant je suis content de me reposer, j'ai mes jambes qui me font un tel mal, que je ne peux me tenir droit.

La nuit est claire, il fait bien froid, le canon résonne fortement, les paysans nous disent que ce sont ceux de Belfort, que toutes les nuits c'est le même tapage.

Mardi 10 janvier. — Bien longtemps avant le jour, je vais voir les faisceaux ; ma compagnie est arrivée, ils viennent de monter la grand-garde au village de Corcelle; il paraît que lorsqu'ils y sont entrés, les Prussiens étaient à l'autre extrémité, ils cédèrent la place sans échanger un coup de chassepot.

Encore avant le jour, nous allons reprendre nos positions de la veille sur le plateau de Sécenans. Pendant ce trajet, des civils passent devant nous, ils sont emmenés comme espions et, dit-on, ils vont être exécutés de suite.

La 5e et 6e compagnie sont de garde au drapeau, par conséquent nous sommes de la réserve.

De ce plateau, étant tournés vers le nord, nous avons devant nous quelques collines boisées qui vont s'élevant de plus en plus, à mesure que nous nous tournons à notre droite. Arrivés complètement à avoir face à droite, dans cette direction, ce sont des montagnes très hautes; puis faisant demi tour, le pays qui est devant nous est à quelque chose près, plaine; près de nous il y a un grand bois, les hommes y vont chercher du bois. Sur les neuf heures, des coups de feu se font entendre, cette fusillade ne dura que quelques instants.

Toute la journée, dans toutes les directions, des troupes passent. Nous faisons connaissance avec un nouveau régiment qui vient faire division avec nous, ce sont les mobiles du Var, ils sont habillés à quelque chose près, comme des capucins... Le canon de Belfort, de temps à autre, se fait entendre. Le froid est très-vif, à la nuit il redouble d'intensité, la bise souffle avec rage, en un mot tout ce qu'il faut pour geler, le ciel est étoilé comme un beau jour d'été; dans toutes les directions des feux de bivouac s'élèvent, les hommes arrangent comme ils peuvent les tentes en guise de voile et disposées en rotonde pour se parer de la bise, le feu est au milieu; nous nous accroupissons dans le petit espace libre, qui est entre le foyer et la muraille. Arrangés ainsi, un grand nombre arrive à brûler ses vêtements, puis la fumée nous aveugle.... Toute la nuit le canon se fait entendre, des moments c'est une vraie furie.

Mercredi 11 *janvier.* — Avant le jour la plupart nous nous promenons au pas gymnastique pour faire circuler le sang dans nos membres engourdis, nous avons tous nos couvertures autour des reins et la tête emmaillotée, soit d'un foulard, d'un mouchoir ou d'un bonnet de coton, le tout d'une propreté douteuse. Au jour, la légion se réunit près du colonel, nous restons ainsi quelques instants, puis chacun fut reprendre ses mêmes positions.

La journée se passa, comme événements et distractions, identique à celle d'hier; des troupes arrivent continuellement, le canon, la fusillade, se font entendre de temps en temps, et le froid continue à se faire durement sentir; à la nuit nous levons le camp, nous allons cantonner à Secenans.

Avant de me coucher je vais encore au rapport à Crevans, ce qui me procura l'occasion de dire adieu et de remettre des lettres pour Lyon à Schon, ex-enfant d'*Apollon*; il part malade ainsi que notre porte-drapeau Boucaut, ce dernier me fait penser à M. Cosserat, son prédécesseur, qui de simple soldat au début de la légion est maintenant notre capitaine adjudant-major; Boucaut a débuté comme sergent-major.

A propos de souvenirs, un de ces jours nous avons appris que Bender était dangereusement blessé, mais qu'il n'était pas trépassé; ainsi que le capitaine et moi nous l'avons classé dans nos situations et rapports.

Jeudi 12 janvier. — Le rapport de ce matin recommande aux légionnaires de ne pas s'affecter, qu'il ne faut plus qu'un peu de courage pour être bientôt au bout de nos épreuves. Cet ordre du jour du colonel est motivé par le grand nombre de légionnaires qui nous quittent comme malades. Ce matin, lorsque le docteur lui communiqua la situation du bataillon, il en fut un moment réellement bien peiné.

Au jour, nous allons cantonner à Crevans. Sur les deux heures le premier bataillon part en reconnaissance; nous n'avons pas fait deux kilomètres que nous nous arrêtons, nous apercevons à environ un kilomètre devant nous des hommes, et des hommes dans les circonstances présentes, ce sont des soldats, car le paysan ne montre pas trop son nez, et des soldats de ce côté ce ne peut être que des Prussiens, vu que nos officiers savent que ces positions ne sont pas occupées par les troupes françaises, donc nous rencontrons l'ennemi. Nous n'avions qu'une manœuvre à exécuter qui était de nous déployer en tirailleurs pour nous mettre à l'abri des boulets et d'avan-

cer ou battre en retraite suivant les circonstances. Non !
ce n'est pas ainsi que M. Barreau fit : il laissa son bataillon faire halte et groupé, pendant que les éclaireurs
piquèrent un temps de galop en avant ; durant ce temps,
sans ordre, sans commandement, un tiers des légionnaires battit en retraite, donnant pour raison : Oui,
seulement une pièce de braquée sur cette hauteur qui
commande la route, pas un de nous ne reviendrait.
Voici les éclaireurs qui reviennent nous battons en retraite.
Je n'ai jamais connu l'importance des renseignements
qu'ils ont recueillis, mais ce que j'ai vu d'important dans
cette manœuvre, ce fut de voir se reformer les compagnies, c'est-à-dire ceux qui avaient déjà fait demi-tour,
de venir reprendre leur place, et ainsi l'honneur du 1er bataillon fut sauvé. Avant d'exécuter notre mouvement de
retraite, j'ai un beau fait d'arme à raconter d'où l'honneur revient à deux hommes de ma compagnie, les nommés Bonnet et Duvernay. Voici: pendant que les éclaireurs
partirent en avant, à gauche très-loin, nous apercevons
des factionnaires, pour éclaircir s'ils sont Prussiens ou
Français, deux hommes de bonne volonté, ceux que je
viens de nommer partent pour les reconnaître. Cela est
très-bien, mais ce qui fut mieux, c'est qu'ils sont obligés
de faire ce trajet en enfonçant dans la neige jusqu'aux
genoux, de traverser des fossés, et ensuite escalader des
rochers où l'on ne peut se tenir droit, tant ça glisse, et
tout le temps avoir la certitude qu'un factionnaire, même
voire plusieurs, sont en train de vous ajuster....
Nous faisions demi-tour dans ce moment, nous les laissons ; dans notre compagnie cela nous taquine, cependant nous essayons de nous persuader que si nous les
abandonnons c'est qu'ils n'ont rien à craindre... A notre

gauche (nous avons fait demi-tour), nous avons une série de collines, nous les escaladons, nous y allons prendre position, il fait un temps superbe ; ces hauteurs sont fort pittoresques, nous avons devant les yeux de fort beaux points de vue.

Bonnet et Duvernay nous rejoignent, les hommes qu'ils ont été reconnaître étaient une grand'garde des nôtres, montée par le 21e chasseurs à pied.

Voici le général de Busserolle qui vient parmi nous, il paraît, d'après le bruit qui court, qu'à Crévans on nous disait engagés.

A la nuit, nous rentrons pour quelques instants, parce que tout le 1er bataillon part pour prendre la grand'garde ; j'en suis exempt comme sergent-major, cette exemption m'arrive à propos, car je ne puis me tenir sur mes jambes.

La maison que j'habite est toute la nuit envahie par toute espèce de mobiles, le paysan se lamente sans cesse, il répète qu'il est impossible que les Prussiens lui fassent plus de mal que les Français. Nous ne faisons pas grand cas de ce qu'il dit, pour une bonne raison, nous n'avons rien à nous reprocher autant que nous sommes présents ; nous n'avons rien cassé, pas été grossiers et nous avons payé juste le prix, sans marchander les vivres qu'il nous a procurés ; ce raisonnement établi, nous nous roulons dans nos couvertures, nous nous étendons sur les carreaux et dormons autant que cela peut se faire dans une cohue pareille.

XIX

Vendredi 13 janvier. — Nous nous levons bien fatigués, le corps brisé et gelé. Charveriat a passé une partie de la nuit à recevoir et à distribuer les distributions; le pauvre camarade ne sait où donner de la tête ; réellement je ne connais pas de fonctions plus pénibles que celles de fourrier en campagne, surtout avec une température comme celle que nous avons. Moi, je suis tellement abruti par la fatigue, que je n'ai pas le courage de lui faciliter son travail.

Au jour, l'ordre arrive de nous réunir avec toutes les troupes qui sont avec nous; nous sommes nombreux. Il fait beau temps et bien froid ; sur les huit heures, nous prenons la route des montagnes, celle qui conduit à Corcelle. En gravissant la côte, nous disons bonjour aux artilleurs de la 2e légion, lesquels nous ont rejoint hier; j'y vois, comme brigadier monté, l'apollon Joseph Geoffroy, ainsi que beaucoup d'autres camarades ; nous voyons encore les ambulances de notre légion, et nous remarquons que son personnel est augmenté de plusieurs infirmiers, du nombre est Gaston Colleuille, l'ex-secrétaire de l'adjudant du 3e bataillon.

Il est neuf heures et demi à dix heures, lorsque nous traversons Corcelles ; c'est un grand village, c'est celui où ma compagnie est venue monter la grand'garde dans la nuit du 10. Lorsque nous l'avons dépassé de quelques pas, des boulets passent dessus nos têtes et vont tomber dans un ravin à trente ou quarante pas de nous, nous entendons aussi la fusillade. Quelques instants après successivement trois chasseurs à pied du 21e, passent dans nos rangs pour se rendre à Corcelle, ils sont blessés, nous restons, ma compagnie, environ une heure sans voir l'ennemi. Ce laps de temps écoulé, nous recevons l'ordre de nous mettre en marche, nous continuons de suivre la route, seulement nous marchons en tirailleurs, et cela, parce que la partie de la route que nous parcourons maintenant est à découvert ; c'est une espèce de corniche d'où nous dominons une partie de la plaine. Nous voyons parfaitement les Prussiens, ils occupent tous les terrains qui se trouvent en avant des villages de Villers-sous-Saulnot et Chavannes ; le reste de la plaine est couverte de lignes de tirailleurs français et prussiens ; les derniers battent en retraite, les premiers marchent en avant pour les déloger.

A notre droite, les montagnes s'élèvent encore à une très-jolie hauteur, elles sont toutes boisées. Nous apercevons qu'elles sont pleines de troupes, lesquelles marchent dans le même sens que nous ; à gauche, j'oubliais les collines qui dominent la plaine et où nous étions en reconnaissance hier, sont occupées par la 2e légion.

Voici que nous atteignons un bois proche du village de Gonvillars, qui nous cache à la vue de l'ennemi ; nous y faisons halte, et là, la 5e compagnie est commandée de garde au drapeau, quelques instants après vient un ordre qui ordonne au capitaine de déployer sa 2e section en tirailleurs, et à sa 1re, de monter occuper le sommet de la montagne, je suis de cette dernière. Nous faisons par le flanc droit pour arriver à la crête de cette montagne ; nous sommes obligés d'imiter les singes, nous avons notre chassepot en bandouillère et des deux mains, nous nous acrochons de branche en branche assez habilement, nous parvenons à exécuter cet ascension.

De son sommet nous dominons tout le pays devant nous. Direction au nord, nous voyons les villages de Villers-sous-Saulnot et Chavannes en notre pouvoir. L'action continue maintenant entre ces villages et la lisière des bois qui couvrent la montagne, qui s'étend de Villers à Levernois, de partout l'on ne voit que tirailleurs ; le canon tonne toujours.

Au-delà de Chavannes, se trouvent encore les villages de Saulnot et de Champey, de ce dernier nous n'apercevons que le clocher, à notre droite l'action est de même fortement engagée, le point de mire est Arcey. Tous les terrains, les bois, le village de Montenoy et autres que nous apercevons de ces côtés, fourmillent d'hommes marchant en avant en tirailleurs ; à nos pieds le village de Gouvillars, où a presque commencé l'action, des troupes y passent constamment et toutes vont renforcer les premières lignes de tirailleurs.

Où nous sommes, c'est bois taillis, des tirailleurs y ont passé, la preuve nous en est donnée par le grand nombre de sacs abandonnés qui couvrent le sol, nous voyons aussi beaucoup de soldats égarés, jusqu'à un officier de chasseurs à pied ; maintenant est ce volontairement, est-ce involontairement qu'ils sont égarés ? Je l'ignore.

Quoiqu'il fasse beau temps, nous avons froid ; dans un ravin miniature, les hommes font des feux, lesquels sont à l'abri de tous regards indiscrets ; notre porte-drapeau, M. Rey, fixe son drapeau solidement aux branches d'un arbrisseau, de façon que de toute la plaine, de toutes les hauteurs qui nous environnent, les hommes doivent apercevoir les couleurs de la France et les renseigner qui nous sommes.

Voici la nuit, nous quittons notre poste et descendons la montagne un peu sur notre derrière, nous traversons la plaine et gravissons un des sentiers de la montagne que nous avions devant nous ; le colonel, ses cavaliers et des hommes de plusieurs compagnies sont du nombre ; les bois que nous traversons sont magnifiques, de tous côtés nous apercevons des mobiles ; arrivés sur la lisière du bois, nous faisons halte, nous sommes près du village de Désandans, nous profitons de ce temps d'arrêt pour nous faire circuler le bidon de blanche. Dans un moment pareil, cette boisson, toute mauvaise qu'elle est pour moi, n'a pas de prix. Nous ne devons pas être éloignés d'une grande route, ce qui me fait dire cela, c'est que tout le temps nous entendons défiler des fourgons et de l'artillerie au grand galop, ce sont probablement des Prussiens. Voici que l'on commande subitement d'un ton sec et impératif, demi tour ! et à chaque instant l'ordre nous est donné : allons plus vite ! Nous arrivons à faire le pas gymnastique, le sentier est glacé, les hommes tombent comme des mouches, nous arrivons, moi en particulier, complètement brisés au village de Gouvillars, le colonel donne repos jusqu'à dix heures.

Les gens de la maison où nous entrons nous reçoivent très-amicalement, ils nous procurent des vivres ; tout en accomplissant ce devoir de bonne hospitalité, ils nous font faire la remarque que ce matin, dans ce même appartement, et tous ces jours derniers, il était occupé par les Prussiens. Ils nous racontent aussi leur manière de vivre, leurs exigences et finalement qu'ils étaient bien contents d'en être débarassés.

A peine y a-t-il quelques instants que nous y sommes, que voici une *scie* qui commence ; les mobiles du Var entrent à pleine porte, nous les recevons très mal, mieux nous les mettons à la porte ; depuis que nous nous connaissons, nous ne pouvons sympathiser ; de notre part, cela vient de ce qu'ils sont fainéants, *carotiers* et toujours en débandade ; cependant le flot arrive toujours grossissant, bientôt je vois qu'il nous sera impossible de nous en débarrasser, lorsqu'une arrivée inattendue nous en délivre complétement ; c'est un ambulancier de la légion, il montre son brassard, et chacun d'évacuer promptement ; il est à noter qu'il n'est pas de service, ou du moins il ne le fait pas, et que la maison n'est pas transformée en ambulance, quoi c'est une *carotte* ?

Sur les dix heures la légion part, dans ce moment j'étais étendu par terre, les jambes tellement raides, que je ne puis me lever, je reste.

Samedi 14 *janvier*. — A cinq heures et demie je suis debout ; je pars avec quatre hommes de la 4e compagnie rejoindre la légion, le temps me paraît long de ne pas être avec eux ; mes camarades marchent doucement, j'arrive bientôt à les dépasser, je passe ainsi seul les villages de Villers et de Chavanne, de partout on voit de nombreuses traces du combat ; entre autres, je vois les cadavres de quatre légionnaires : un fourrier, un caporal et deux hommes ; ils sont là étendus sur la neige, et aux quatre coins de l'horizon pas l'ombre d'ambulancier, cela attriste ; je comprends que maintenant ils sont morts, soit que leurs blessures étaient mortelles, soit qu'ils ont gelé ; car il gèle encore à je ne sais combien de degrés ; mais pour le respect que l'on doit aux morts, et surtout étant des nôtres, la levée de leurs corps devrait être faite, car étant là abandonnés, chaque soldat qui passe, quelques-uns non contents de les regarder sont assez petits pour retourner leurs poches, et enlever ce qui leur convient ; il arrive qu'après ces opérations, lorsque l'on vient faire la levée régulière, on ne trouve souvent aucun titre pour prouver l'identité du mort, et aucun souvenir pour envoyer à sa famille.

De bonne heure j'arrive à Levernois, village où se trouve la légion ainsi que beaucoup d'autres troupes ; la position est à ce qu'il paraît très-avancée, car l'artillerie a ses pièces en batterie, et les artilleurs à leur poste de combat prêts à faire feu.

Toute la journée il y a du nouveau, occasionné d'abord par l'arrivée continuelle de nombreuses troupes, mobiles, zouaves, etc. ; par le départ d'une longue file de charettes, emmenant des blessés prussiens ; par la complaisance d'un aumônier, M. Viennois, qui part pour Lyon se chargeant d'emporter nos correspondances, pour ma part, je lui remets sept lettres ; enfin, toute la journée nous entendons rugir fortement le canon de Belfort. A la nuit, Jeoffroy, Besson, d'autres encore, tous anciens amis, nous nous trouvons réunis, et nous nous séparons après nous être donnés réciproquement les nouvelles que chacun avait apprises ; impossible de pouvoir fraterniser autrement, nous ne trouvons ni boisson, ni vivres.

Toute la nuit, la légion est presque debout, soit pour aller prendre la grand'garde, soit pour les distributions.

Les officiers, sous-officiers, des 2e, 3e et 5e compagnie occupent le même appartement.

XX

Dimanche 15 janvier. — A cinq heures du matin, nous sommes sac au dos, il fait un froid horrible ; après quelques minutes de : en *place repos*, nous sommes couverts de givre, et nous restons ainsi sans bouger jusqu'à sept heures ; ce retard de départ nous est occasionné, d'après ce que nos officiers disent, par la mollesse que mettent à se réunir les mobiles du Var, de la Loire et la 2e légion du Rhône, lesquels aujourd'hui ouvrent la marche.

Aibre est le premier village que nous atteignons, il est situé à 2 kilomètres de Levernois, 41 kilomètres 500 de Beaume-les-Dames et 6 kilomètres 500 d'Héricourt ; nous le traversons, et prenons position sur le plateau qui se trouve positivement à sa sortie, et à la gauche de la route ; il est neuf heures, nous sommes placés en colonne par division, et on nous recommande en *place repos*. Pendant cette halte, le canon commence à se faire entendre, pas bien loin, des batteries sont établies dans le village de Trémoins, lequel nous fait face ; les feux de mousqueterie se font aussi entendre ; dans ce moment, un aumônier, M. Origène, passe dans nos rangs, c'est la première fois que je le vois ; on dit qu'il est attaché à la première légion ; il adresse à chaque compagnie séparément un petit discours avec accompagnement de prières ; cette visite imprévue contrarie beaucoup de légionnaires, car cela ressemble pas mal à une visite de malade à l'article de la mort. Pendant ce temps, le bruit du canon et de la fusillade a pris de l'extension ; dans toutes les directions ça fait tapage, de partout on aperçoit de fortes colonnes, composées de zouaves, lignes, mobiles, etc. ; il paraît que nous sommes de réserve ; cependant voici que nous recevons ordre de bouger, nous traversons la route, une plaine, nous marchons toujours en colonne cotoyant des bois taillis. Puis on commande par le flanc gauche avec ordre de passer les dits bois taillis, cette marche ne se fait pas sans difficulté, que l'on juge : pas de chemin tracé, des épines qui vous écorchent la figure, les mains et déchirent nos vêtements, puis de la neige demi-pied ; nous n'avons dans tout cela qu'une circonstance heureuse, qui est celle d'avoir le beau temps. A la sortie de ces bois, nous nous retrouvons en plaine et nous nous replaçons en colonne. Nous sommes encore de réserve ; devant nous, nous apercevons des batteries d'artillerie en grand nombre faisant toutes feu, dans toutes les directions nous entendons pareil bruit.

Nous occupons diverses positions, à la fin de chaque mouvement, nous restons quelques instants en *place repos*.

De ces divers mouvements, je me rappellerai toujours de deux mauvaises manœuvres que le commandant Barreau nous fait exécuter. La première, fut lorsque nous allâmes occuper le plateau qui domine le village de Lheyre ; voici : nous sommes toujours en colonne, il commande par le flanc gauche, en avant, et conversion à gauche, le commandant reste au pivot, le terrain que que nous parcourons est très-accidenté, lui marche tout le temps bon pas comme s'il était seul ; il en résulte pour l'aile marchant, qu'ils arrivent *esquintés* ; mieux, des compagnies en sont toutes désorganisées ; les hommes étant restés en arrière, ce mouvement exécuté, nous en exécutons encore un autre plus mauvais: il nous fait descendre le revers d'un coteau qui est en pente droite, et à trente à quarante pieds de hauteur. Quoi, un véritable casse-cou; ce que l'on pouvait éviter en faisant quelques pas à droite; surtout que les circonstances ne l'exigeaient nullement.

Sur ce plateau qui domine Lheyre, nous sommes complétement entourés de bois; il est environ une heure, nous y faisons halte, pendant ce repos les faits suivants se passent :

Étant tournés à l'est, nous sommes devant des bois où disparaissent les 2e et 3e bataillon de la légion; à notre droite un régiment de mobiles vient y faire halte, ils forment les faisceaux et ils font tout le temps un épouvantable tapage. A gauche, le village de Lheyre; la route qui le traverse côtoie les bois et finit par y entrer; en ce moment elle est couverte d'artillerie, de caissons, il ne décesse d'en passer.

Voici notre général, M. Bressolles, qui arrive, entouré de son *clinquant* état-major; il fait halte près de nous, au même moment les mobiles partent, ils font toujours le même tapage qu'à leur arrivée. Après ce départ, nous restons quelques instants sans incidents, nous sommes recueillis; chacun écoute ces formidables détonations d'artillerie qui se font entendre dans toutes les directions; nous sommes tirés de notre rêverie par la voix du général Bressolles, qui demande notre colonel; il lui est répondu qu'il n'est pas là, il est avec les bataillons absents; alors le fonctionnaire commandant Barreau s'approche pour recevoir les ordres suivants :

Voyez, commandant, ces hommes ainsi placés peuvent

être à un moment donné massacrés, sans qu'ils puissent exécuter le moindre mouvement défensif; pour éviter cela, entrez dans ces bois (lui désignant ceux où sont passés les deux autres bataillons), et vous irez jusque sur la lisière.

Nous traversons ces bois qui sont magnifiques; arrivés à la lisière, nous passons à travers les compagnies du 21e chasseurs à pied, lesquelles sont en place repos, et nous sur quatre rangs, on nous fait sortir du bois et défiler sur le plateau de Vyans. Ce plateau est nu, pas d'accidents de terrain pour dissimuler notre marche et pour nous mettre à l'abri des projectiles qui pleuvent comme grêle; cette pluie nous vient des hautes montagnes qui nous font face, il en résulte que nous sommes de suite désorientés; les artilleurs le sont aussi, les projectiles leur ont déjà fait beaucoup de mal et ils ne peuvent y répondre, leurs pièces n'ayant pas assez de portée; il arriva qu'un grand nombre abandonna leurs pièces, ils descendent au village de Vyans, où nous-mêmes nous descendons, il est quatre heures; nous restons bien longtemps pour faire ce court trajet, car nous ne pouvons faire un pas sans qu'un boulet passe sur nos têtes, et alors tous de se coucher; cependant voici que nous atteignons un sentier où nous craignons autant, mais au moins nous ne sommes plus à découvert, ce qui fait que nous nous croyons plus en sûreté. Dans ce chemin, je rencontre mon ami Geoffroy; il me dit que sa batterie a bien eu à souffrir; le temps presse, nous nous donnons une poignée de mains et au revoir.

Nous voici au village de Vyans, les obus tombent de plus belle; nous sommes dans une triste situation : pas d'ennemi à la portée de nos chassepots, pas d'officiers supérieurs pour nous faire prendre le pas gymnastique pour aller vers ces gars, leur faire cesser le feu, lequel ne nous fait pas positivement beaucoup de mal comme hommes hors de combat, mais il sème la terreur dans nos rangs; car d'avoir affaire à des ennemis invisibles, c'est ce que je trouve de plus triste. Dans ce moment, pour la première fois, je me rendis un compte réel de la confiance que chacun avait en M. Valentin, car tous demandaient où il pouvait être? Le bruit court qu'il est parti en avant avec un bataillon, pour essayer de débusquer l'ennemi.

Dans la débandade où nous nous trouvons un instant, Martin, Vitton et moi, nous essayons de remonter sur le plateau; impossible, l'espace est sillonné de tant de projectiles, que nous nous mettons contre une *haie* et attendons que ça veuille bien finir; le général de Busserolles passe devant nous avec ses officiers, ils sont fort pâles; il nous dit bien gentiment que nous aurions meilleur compte de descendre dans le ravin, ce que, immédiatement, nous fîmes. Le bataillon se réunissait, il n'est pas nombreux : quelques hommes de la 4ᵉ compagnie, très-peu de la 5ᵉ, comme officier, je ne vois un instant que le capitaine Lagrêle. Enfin voici la grande nuit, le sabbat a cessé, les hommes se sont ralliés, le bataillon monte bivouaquer sur le plateau. Le capitaine Janin et moi, nous entrons dans une maison du village de Vyans, nous nous assayons dans un coin et ne bougeons plus; d'ailleurs, ce n'est guère possible de faire autrement, nous sommes tous les uns sur les autres; dans ce monde, il y a quatre blessés qui souffrent beaucoup, je vois aussi plusieurs visages de connaissance qui sont : les nommés Besson, Brosse et d'autres encore. Dans la nuit, à une heure du matin, nous apprenons que le sous-lieutenant Savoie vient de succomber à la blessure qu'il a reçue, il est probable que demain nous en apprendrons bien d'autres.

Lundi, 16 janvier. — Toute la nuit, les sifflets des francs-tireurs se sont fait entendre ; il ne fait pas jour lorsque nous nous mettons en devoir de rejoindre nos compagnies, je n'ai pas fait quelques pas que je me reconnais incapable de me tenir debout, mes jambes fléchissent et je ne puis pas avoir ma respiration ; quoiqu'il m'en coûte beaucoup, je me dirige du côté du village de Aibre pour rejoindre l'ambulance et m'y reposer deux ou trois jours si cela est possible.

Le temps est encore au beau, à moitié chemin, j'entends tirer le premier coup de canon.

Je trouve le village de Aibre archi-comble de bagages et de troupes, mais pas notre ambulance et personne pour me renseigner ; il faut cependant que je la trouve, mon désir est presque de suite réalisé ; voici un caporal de la légion que je ne connais pas, qui, du seuil d'une maison, m'appelle, me demande des nouvelles du combat et moi, de l'ambulance ; il me répond qu'elle est partie ce matin pour le village de Lheyre, et il m'invite à entrer manger une soupe avec lui ; pour m'encourager il me dit qu'après nous irons ensemble la rejoindre ; j'accepte de grand cœur.

A midi, nous arrivons à Lheyre, le canon gronde toujours ; de plus, j'entends un continuel grincement de mitrailleuses ; je n'avais pas encore entendu fonctionner ces machines, *sapristi* c'est sinistre !

Le petit dépôt a ses voitures attelées, prêtes à tout événement ; un grand nombre de blessés, de malades encombrent déjà les maisons; dans une grange je vois des morts étendus sur la paille, du nombre se trouve le légionnaire de Boisset, enfin partout le pays présente un aspect désolé.

Je suis au petit état-major; sur les deux heures, le vaguemestre Tivollier m'installe dans son local, et Jean Bonnard, le muletier, a soin de moi; il me fait boire plusieurs bouillons chauds, me procure des vivres, me donne plusieurs grosses couvertures pour me tenir chaud et me fait remarquer un coin où, selon toute probabilité, je ne serai pas mal.

Avant de me coucher, je reste un moment près du fourneau; le capitaine Roch, le lieutenant Merlin y sont installés, et, comme officiers, le propriétaire leur procure un lit, du vin et plusieurs petits accessoires que nous, à quel prix que ce soit, nous ne pouvons nous procurer.

D'après les bruits qui courent, la cour martiale serait en permanance, et même aujourd'hui elle en aurait déjà condamné plusieurs à mort, entre autres un franc-tireur-de-la-mort

La compagnie du génie couche dans la même grange que moi.

Mardi 17 janvier. — Du matin, je vais à la visite du docteur; le premier ambulancier qui me reçoit est Colleuille, et la première parole qu'il m'adresse, c'est de me dire: Vous voilà encore... Cependant il ne m'a pas encore vu rendre visite au docteur, je trouve cette réception curieuse; en bien cherchant, je finis par comprendre que ces braves jeunes gens sont bien obligés d'adresser quelques paroles de ce genre à leurs clients pour les forcer à venir le moins possible ; cependant je remarque qu'ils sont là plus d'une dizaine, lesquels se plaignent d'être fatigués et comme tels ils se reposent ; j'ai beau les inspecter, je ne leur trouve pas la figure malade, je ne m'aperçois que d'une chose, c'est qu'ils sont très-familiers avec MM. Rérolle, Couturier et compagnie.

MM. les docteurs ne me trouvent pas assez fatigué pour avoir besoin d'un repos complet, ils me délivrent simplement un billet pour venir me coucher le soir à l'ambulance, et, en fait de drogues pour mon rhumatisme, il m'est octroyé de la teinture d'iode avec le conseil de bien me frictionner.

Toute la journée, la canonnade, les mitrailleuses, la fusillade ne décessent de se faire entendre, les blessés, les malades arrivent en grand nombre ; parmi eux je vois Lesage, il n'est que malade, Labrosse, Rabatel, ces deux derniers restent au petit état-major, enfin, la procession ne finit plus ; ce qu'il y a de plus triste, c'est qu'il paraît qu'un nombre considérable d'hommes se font sauter des doigts pour s'exempter du reste de la campagne.

Comme hier, je me couche de bonne heure.

XXI

Mercredi **18** *janvier*. — Toute la nuit, la compagnie du génie a été sur pied ; ils m'apprennent que la légion avait été désignée pour monter à l'assaut prendre ces pièces d'artillerie qui nous font tant de mal, mais que le colonel n'avait pu se décider à recevoir cet ordre, ses hommes étant trop faibles.

Ce matin il y a distribution de vivres, ce qui amène

au village les fourriers et beaucoup d'hommes de corvée ; le fourrier Charvériat me raconte que le colonel a été tous ses jours-ci, admirable de courage, qu'ils ont bien souffert ces trois nuits, que beaucoup ont les pieds gelés, puis qu'il a rencontré des officiers de santé qui lui ont communiqué que *l'air sentait mauvais*, que nous n'avions pas le dessus et qu'aujourd'hui il fallait s'attendre à toute espèce d'événements..... Voici le fourrier Février, il me dit qu'on m'a cru perdu.

Charvériat, avant de me quitter, m'emmène avec Imbert vers la cantinière de la 2e légion, il nous offre des petits verres d'eau-de-vie ; la brave cantinière, si elle ne gagne pas de l'argent, ce n'est pas de sa faute, sa mauvaise eau-de-vie se vend quarante centimes, la contenance d'environ deux pleins dés, le tabac, dix francs la livre.

Dans la journée, la compagnie des francs-tireurs de la mort, pour je ne sais quel motif, sont désarmés. Le capitaine Roch, le lieutenant Merlin sont partis rejoindre leur compagnie. Toute la journée il pleut. Le tapage de la bataille ne discontinue pas. De tous côtés on creuse des fosses, derniers devoirs que nous pouvons rendre à nos camarades.

Voici l'ordre officiel que nous battons en retraite ; nous sommes tous dans la consternation, chacun de se dire : c'est bien la peine d'avoir tant souffert pour arriver à ce résultat !

A la nuit, le petit état-major part, nous sommes comme bagages presque les derniers. La route est mauvaise, toute la journée il a dégelé, ce qui fait que nous marchons dans l'eau, dans des endroits nous en avons par dessus les chevilles. Le premier village que nous atteignons est Reynans, cette localité regorge de troupes et de bagages ; lorsque nous en sortons j'aperçois à l'horizon des flammes qui montent jusqu'au ciel ; qu'est-ce qui brûle ainsi? Pour arriver à Saint-Julien, nous voyons encore sur une montagne assez éloignée des feux qui projettent des éclairs blancs et cela sans discontinuer ; quels peuvent être ces signaux? Nous traversons encore Sainte-Marie, Arcey, ces deux villages sont, comme Reynans, pleins de troupes ; on y voit zouaves, chasseurs à pied, infanterie de ligne, moblots, il y a de toutes armes.

Nous arrivons tard à Faimbre, terme de notre étape; sans la *blanche* du muletier Jean, certes je ne serais pas arrivé, surtout que maintenant la route est verglacée, le souffle de la bise est glacial.

Dans ce village, les premiers troupiers que nous rencontrons sont les hommes d'avant-garde de la 3e légion du Rhône, allons, cela fera pour demain des amis à voir. Nous restons longtemps pour trouver un logement, et le logis que nous pouvons nous procurer est très-petit, nous sommes les uns sur les autres.

Les mendiants du Var sont déjà dans la localité, ils ont accaparé les logements, nous leur adressons mille sottises.

Jeudi 19 janvier. — Levé au jour, je sors immédiatement savoir les nouvelles. La 3e légion est arrivée, ils ont une fanfare et sont bien équipés. Dans la matinée, notre légion arrive, d'après ce que je puis voir, elle a l'air d'être en débandade. En définitive, nous passons cette matinée à nous bousculer dans les rues, dans les maisons, car partout c'est encombré de troupiers.

Cet après dîner nous nous réunissons dans un pré et

partons; la légion entière à peine formait-elle trois compagnies.

Arrivés près de la route, arrive l'ordre de faire demi-tour; plusieurs légionnaires, moi du nombre, nous continuons notre chemin; Pacalin me tient compagnie un moment, puis étant parvenu à prendre place sur une voiture, nous nous disons au revoir. Maintenant je suis en compagnie d'un officier des mobiles du Haut-Rhin; il me montre sur la route plusieurs endroits où ils se sont battus avant le début de la campagne de l'Est. Nous passons Médière qu'il fait encore grand jour, et nous arrivons à l'Isle-sur-le-Doubs qu'il fait grande nuit.

Toute cette route que nous venons de parcourir était encombrée de troupes de toute arme, tous en débandade. Pendant ce trajet, j'apprends que le 21e chasseurs à pied a été en partie fait prisonnier ce matin à Sainte-Marie.

A l'Isle, j'entre dans un grand café prendre l'hospitalité, il est déjà plein de troupiers; les chaises, sur les tables, le billard dessus et dessous, par terre, en tout sens il y en a; je m'assieds sur un tabouret vers une table où sont quelques légionnaires, j'essaie de dormir, mais cela ne m'est pas possible, alors je passe ma nuit à fumer pipe sur pipe.

XXII

Vendredi, 20 janvier. — Sur les cinq heures nous partons presque tous, nous ne tenons nullement à être faits prisonniers. J'ai bonne chance de m'embarquer ayant bu un bon café, et plus grande chance encore de faire le trajet de Lisle à Clerval, couché dans une voiture de bagages, seulement lorsque je me lève, je suis gelé, tellement le froid s'est fait sentir. Il est triste d'arriver à avoir assez peu de force pour être contraint de voyager ainsi, car faire une étape dans ces conditions on arrive au résultat d'être encore bien plus malade. Tout cela on le sait, mais quand la maladie est là, il n'y a plus de raisonnements possible, il faut que le mal suive son cours.

Clerval est à 11 kilomètres de Lisle, cette ville est littéralement encombrée de troupes et de bagages; notre petit-major y est, puis de ma compagnie je rencontre Vitton, Jules Brun, Huchard, tous ensemble nous prenons un petit repas et nous partons avec les bagages.

La route que nous suivons monte sur les montagnes qui dominent Clerval; des hauteurs nous voyons défiler sur la route de Beaume-les-Dames le 15ᵉ corps d'armée; je sais le numéro du corps parce que des légionnaires ont voulu dépasser Clerval et des gendarmes les ont arrêtés, cette route n'étant réservée que pour le corps désigné ci-dessus. Pour le 24ᵉ corps qui est le nôtre, la route des montagnes nous est réservée.

A 2 kilomètres de Clerval nous dépassons le village d'Auteuil; 5 kilomètres 1/2 plus loin, celui de Glainans; à notre arrivée, nous entendons sur notre gauche le bruit du canon, ce son nous rend triste, chacun fait des suppositions sur ce qui peut nous arriver et nous présumons que le sort qui nous est réservé n'est pas digne d'envie.

A Glainans, nous faisons halte; à tout instant des légionnaires, hommes et officiers arrivent isolément, de même sans ordre; immédiatement un certain nombre part pour Besançon. Le plus grand nombre reste, seulement nous ne perdons pas de vue les routes qui conduisent en Suisse. On ne sait pas ce qui peut arriver, car maintenant nous sommes complétement démoralisés, nous n'avons plus confiance de remporter de nouveaux succès.

Jusqu'à la nuit nous restons à Glainans, étant arrivés les premiers nous avons pu facilement nous ravitailler, ce qui fait que nous nous remettons en marche avec plus de courage.

Nous suivons une route très accidentée, nous passons dans le hameau de Bermond qui est dominé par les vieilles ruines féodales de ce nom et nous cantonnons à Lantenon. La compagnie est logée chez la famille Châtelain.

Samedi, 21 janvier. — Toute la journée, des officiers, des hommes égarés rejoignent la légion. M. le colonel Valentin donne beaucoup de besogne à ses sergents-major. De notre compagnie, Joly arrive de l'hôpital, Charveriat et Vitton entrent à l'ambulance ; le départ de ces deux camarades fait que le cercle de la petit famille se trouve complétement dissout.

Nous avons dans le courant de la journée l'ordre de division suivant, qui renseignera mieux que toute explication possible sur l'état de notre moral :

« Des bruits criminels circulent dans la troupe et ont même trouvé créance parmi quelques officiers.

« Des gens sans aveux, des *lâches* qui ne reculent devant aucun moyen pour se soustraire au péril de la guerre, glissent dans l'ombre le bruit que l'armée est coupée, cernée et qu'une capitulation est imminente.

« Le général de division déclare nettement qu'il ne signera jamais une capitulation ; il invite les officiers à faire comprendre à la troupe qu'une armée qui s'appuie sur plusieurs places fortes et qui a toutes ses communications ouvertes par des voies telles que le Jura, que l'ennemi ne peut lui enlever, ne saurait être exposée à être cernée.

« Tout individu qui répandra des bruits alarmants ou s'en fera l'écho, sera immédiatement arrêté, traduit en cour martiale et fusillé, s'il y a lieu, dans les vingt-quatre heures ; tout militaire de la 3e division qui aura fui sur les derrières de l'armée subira la même peine.

« Le général de division espère que cet avis ramènera chacun à une appréciation plus saine de la situation et que le calme et la confiance renaîtront dans tous les rangs.

« Quartier général de Glainans, le 21 janvier 1871.

« *Signé :* de Busserolle. »

Dimanche, 22 janvier. — Pendant toute la journée nous avons le mauvais temps, ce qui exempte la légion d'être passée en revue par le colonel; les sergents-major de même qu'hier, ont beaucoup de travail.

Ce soir assez tard nous dinons, nous sommes en nombreuse compagnie: le capitaine Janin, les sous-officiers Mias, Darier, Vincent, Jules Brun, le caporal Staquet et la famille Chatelain ; ces derniers nous annoncent que les Prussiens nous suivent de près, qu'ils occupent Lisle, que même des patrouilles sont venues près de Lantenon; ces renseignements pour le moment ne nous épouvantent guère. Il y a si longtemps que nous n'avons pas passé un dimanche tranquille, que ma foi nous profitons de l'occasion que nous avons de rire et de faire bombance.

Ce soir, je vais coucher à côté des vaches, en compagnie de Mias, Rostain et Vitton.

Lundi, 23 janvier. — Sur les midi, grande nouvelle, les Prussiens ont échangé quelques coups de fusils avec nos hommes qui travaillaient à couper la route près le village de Blussans, aussitôt nous recevons l'ordre de nous tenir prêts à partir; en attendant, avant la nuit, plusieurs compagnies partent de grand'garde, la 5e compagnie part dans la direction du village de Souvans, l'artillerie de la 2e légion est venue nous rejoindre cette après-dînée. Nos hommes réellement malades, ont été immédiatement évacués, Vitton et Charveriat nous disent définitivement adieu.

A la nuit, dans notre logement, la famille Chatelain, cache ses provisions, dans tout le village les paysans en font autant. Ces préparatifs qui ne nous présagent rien de bon, ne m'empêchent pas ainsi que les camarades de nous étendre sur le plancher, près du poêle... Il était dit que nous ne devions pas nous reposer, sur les dix heures et demie nous sommes debout et sur les rangs; et nous restons ainsi jusque sur les deux heures du matin, pour cause que l'artillerie ne pouvait plus monter ses pièces dans le haut du village, tellement la route était inclinée et verglacée.

XXIII

Mardi 24 janvier. — La 5e compagnie, nous sommes d'arrière-garde, nous avons la consigne de ne laisser personne derrière nous; cet ordre n'est pas facile à faire exécuter.. Un très-grand nombre nous répondent qu'ils sont exténués, qu'ils ne se sentent pas assez forts pour faire une étape, que s'ils sont prisonniers, tant pis !

Nous suivons la route de Glainans ; à chaque pas, à droite et à gauche du chemin, les hommes se mettent en tirailleurs, non pas pour protéger la retraite, mais par le fait de la dyssenterie ; c'est un triste spectacle.... Sur les quatre heures du matin, un coup de canon se fait entendre, chacun fait silence pour écouter si la musique va continuer, mais non, les échos ne répètent plus aucun son ; dans les conditions où nous sommes cela vaut mieux ainsi.... Lorsque nous traversons Glainans, l'horloge de l'église sonne cinq heures. Au jour nous passons le village de Vellerot-les-Belvoir, une compagnie franche de zouaves y est cantonnée... Nous faisons halte au village de Rahon qu'il est environ sept heures. Derrière le village, sur une colline qui domine Rahon, nous remarquons le village de Bevoir qui a un château fort ancien.

Nous repartons de Rahon, comme il plait à chacun, l'arrière-garde suivant l'impulsion donnée par la colonne, laquelle environ la moitié est dispersée ; le plus grand nombre est encore derrière l'arrière-garde, pour les motifs que j'ai expliqués ci-dessus, ce qui est la cause que nous ne pouvons exécuter notre consigne.

Nous passons le village de Sancey-le-Long, Sancey-l'Eglise et Sancey-le-Grand, ces trois villages sont très-rapprochés les uns des autres ; près d'arriver à Randevillers, où nous cantonnons, nous entendons une courte fusillade, quelques hulans qui nous font la chasse il est probable... Nous sommes logés chez un bon paysan, lequel est très-poli ; officiers et sous-officiers dînons ensemble, hormis M. Pascal qui préfère dormir.

Toute la journée, toute la nuit, des troupes et des bagages défilent sans discontinuer sur la route. L'artillerie de la 2ᵉ légion est avec nous.

Mercredi 25 janvier. — Encore une journée d'émotion, seulement elle me fait dire qu'il est décidément écrit que la première légion doit être un second juif-errant, non seulement parce que nous sommes condamnés à toujours marcher, mais encore par l'ennui qui nous gagne de ne pas savoir ce que l'on attend de nous, et pour cela les officiers ne sont pas plus renseignés que les hommes; à cette contrariété se joint la perspective que nous ne pouvons plus compter les uns sur les autres, pour la raison que toute la légion est malade, plus ou moins il est vrai, mais enfin tous le sont; il résulte du tout réuni que la démoralisation, à très-peu d'exception près, est générale.

A quatre heures, nous sommes debout; à cinq heures et demie nous partons; au petit jour nous dépassions le village de Vellevans. Arrivés à un kilomètre en avant de ce village, on nous fait faire halte; des bruits alarmants circulent : les Prussiens, dit-on, occupent la route que nous suivons, ainsi notre ligne de retraite nous est coupée, nos officiers ont crainte que les bagages soient pris, ils sont partis sur les minuit et ne sont pas revenus. Ce que nous voyons de positif et qui nous confirme les bruits qui courent, c'est le retour de quelques détachements qui étaient en avant, et que maintenant les gendarmes empêchent de passer tous les *rossards*, les malades, en un mot tous les hommes qui voyagent isolément; puis nous-mêmes nous retournons à Vellevans... Nous retournons en avant encore deux fois; pendant ce trajet on nous dit qu'il était probable que nous allions faire le coup de feu, il n'en est rien... La troisième fois que nous battons en retraite il est neuf heures et demie, nous dépassons Vellevans et revenons à Rendevillers... Dans le village de Vellevans, tout en passant, nous y passons l'inspection des troupes qui y sont réunies. Nous voyons pour la première fois une compagnie de francs-tireurs bretons, lesquels se distinguent curieusement par leurs grands chapeaux. Parmi tout ce monde, je vois Rémy, *ex-Apollon*, il appartient au génie actif. Je vois encore plusieurs camarades appartenant les uns aux mobiles, d'autres à l'artillerie et à divers corps.

Pour faire demi-tour, nous avons le Var et les obusiers qui ouvrent la marche ; nous dépassons Rendevillers, Sancey-le-Grand, Sancey-l'Eglise, Sancey-le-Long, et nous faisons halte à Rahon ; pendant ce trajet nous avons un brouillard très-épais et nous marchons lentement ; tout individu que nous rencontrons est questionné par le colonel.

A Rahon, Martin, Jules Brun, Sauzet et moi nous faisons halte dans une charitable maison, le propriétaire veut bien nous vendre des vivres, en chœur nous prenons une bonne collation ; Carruel, qui y est aussi, nous apprend que Voland, Février et bien d'autres camarades sont en ce moment à Lyon.

Pendant nos haltes de ce matin, en avant de Vellevans, nous avons le plaisir de voir Vinghenerotte et un autre dont le nom m'échappe, lesquels, tous deux, avaient été faits prisonniers à Nuits. Ils se sont échappés de Prusse et nous apportent les nouvelles de beaucoup de camarades.

Voici la 5e compagnie qui est appelée pour être de grand-garde. Nous allons sur la route en avant de Rahon, il est environ quatre heures, nous y restons jusqu'à cinq heures, puis toute la légion marche en avant. Nous allons prendre position pour la grand-garde au-dessus du village de Vellerot-les-Belvoir, en compagnie de la 4ᵉ. Le temps s'est remis au beau. Jusqu'à la tombée de la nuit nous avons de notre poste d'observation des sites magnifiques à admirer.

A la nuit, une compagnie de la 2ᵉ légion vient d'accord avec nous prendre la grand-garde, la 4ᵉ compagnie descend au village prendre cantonnement, puis, à la grand-nuit, nous allons deux ou trois kilomètres en avant prendre position : la 2ᵉ légion s'installe au débouché de la route de Clerval et ma compagnie proche de Glainans.

Nous sommes bien mal, cependant la fatigue étant plus forte, quoique assis sur mon sac, je trouve moyen de fermer les yeux et de croire que je me repose... Il gèle fortement.

Jeudi 26 janvier. — A cinq heures, Martin qui était resté planton au poste de police, vient nous apporter l'ordre de vite rejoindre la légion ; cet ordre est facile à donner, mais nullement facile à exécuter, pendant la nuit la compagnie du génie est venue travailler à créer des embarras de route, et nous en avons sept à franchir, ce qui fait que nous n'arrivons qu'à la pointe du jour à Vellerot et déjà bien fatigués. Là nous avons encore une *scie* : 1° la légion n'y est plus ; 2° les hommes de corvée qui sont partis avec Staquet pour chercher nos vivres, ne reviennent plus.... Il fait grand jour lorsque nous partons.

A Rahon nous rejoignons la légion ; les faisceaux sont formés, nous formons les nôtres à notre place de bataille et restons là plantés très-longtemps ; sur les rangs j'inscris plusieurs rentrants, hier j'en ai déjà inscrit quelques-uns. Tous ces hommes sont des égarés depuis la retraite de Vyans, ils sont allés jusqu'à Besançon, pensant retourner tranquillement à Lyon, mais il en a été autrement ; tous ceux qui n'ont pas été reconnus sérieusement malades, ont reçu l'ordre de rejoindre immédiatement la légion.

Nous partons sur les neuf heures, nous repassons devant Sancey-le-Long, nous traversons Sancey-l'Eglise et Sancey-le-Grand ; dans ce dernier village, au lieu de prendre la route de Rendevillers, nous gravissons une très-haute montagne, du sommet de laquelle nous dominons tout le pays, et, *nous en avons bien le temps*, car nous fîmes halte plus d'une heure ; il y a à noter qu'il fait bien froid et que nous marchons sur un épais manteau de neige. Pendant ce temps d'arrêt, beaucoup d'hommes cherchent à prendre les devants, quelques-uns y réussissent, le plus grand nombre, non ; on les oblige à rester à leur compagnie.

Il y a les cavaliers de notre colonel qui ne font que d'aller et venir, les dépêches se succèdent ; au reçu d'une, on nous commande demi-tour, nous en sommes tous consternés.

Arrivés près de la descente, une nouvelle dépêche arrive et on commande en avant, et nous voilà engagés par des chemins impossibles : que l'on se figure une route perchée sur des crêtes de montagne très-haute, une véritable route de contrebandier, des précipices, des bois, rien ne manque ; avec cela de la neige dans des endroits près d'un pied, heureusement nous avons un beau soleil. Le premier village que nous atteignons est Laviron, il est bien bâti et les maisons bien propres ; cependant j'en vois dont les dates de construction remontent à 1740-1750. Nous arrivons harassés et peu nombreux à Pierre-Fontaine, il est trois heures, nous avons deux heures de halte, quelques-uns nous allons la faire chez le buraliste où nous sommes très-bien reçus.

A la nuit, nous partons, on nous avertit que c'est une retraite de désespoir, qu'ainsi personne ne reste derrière, et que l'on observe le plus grand silence.

Le premier village que nous passons, à La Sommette, un grand nombre de légionnaires y restent, ils ne peuvent marcher ; pour le même motif il y en est déjà resté un certain nombre à Pierre-Fontaine, à Laviron, Rahon, enfin dans tous les villages où nous avons passé. Après avoir dépassé La Sommette, nous arrivons à ne savoir ce que nous faisons, le colonel qui questionne tous les individus que nous rencontrons a, il paraît de mauvais renseignements, il nous fait faire deux fois demi-tour, et enfin décidément en avant ; le colonel est furieux, et les hommes bien fatigués et hébétés de toutes ces allées et venues. Nous apercevons à notre gauche, sur le flanc d'une montagne, des feux signaux ; à qui sont-ils ? Nous arrivons cependant au village de Loray, lequel est occupé par des troupes de ligne ; là, sans attendre de commandement, officiers, soldats, toute la légion y cantonne ; le colonel arriva dans son cantonnement avec une vingtaine d'hommes, le fait m'a été certifié le lendemain; ce dont je suis sûr, c'est que ces hommes ont reçu une gratification de la poche du commandant Vennes.

Dans la maison où je suis, la compagnie y est représentée par les officiers Janin, Pascal, par tous les sous-officiers et pas mal d'hommes. Cette maison paraît être une riche ferme.

Je dors accoudé sur la table, avant de m'endormir je réfléchis un peu à ce qu'est devenue la compagnie ; je ne sais si cela tient à ce que nous avons mille misères pour terminer la campagne, mais il est un fait certain, c'est que nous sommes arrivés, la plupart, à ne plus avoir de bons rapports entre nous : constamment il y a quelques querelles, et mon opinion là-dessus, *pas d'esprit de corps, plus de soldats*. Où est donc le temps de la petite famille.

Vendredi 27 janvier. — A la pointe du jour, je pars tout seul rejoindre le cantonnement de la légion ; la route que je parcours traverse de belles forêts de sapins, ainsi que les villages d'Orchamps et de Grande-Fontaine, dans ce village, je bois un verre avec les artilleurs de la deuxième légion ; de bonne heure j'arrive à Fuans, joli village et résidence de la légion.

La compagnie est logée dans une auberge, ce qui nous procure l'agrément de n'avoir pas de logement par le fait, parce que les légionnaires viennent s'y approvisionner et même quelques-uns s'y installer, des troupes de passage en font autant ; cependant je dois dire que nous avons été bien plus mal.

Les officiers et sous-officiers des 5ᵉ et 6ᵉ compagnie vivent ensemble.

Dans cette auberge, j'observe sérieusement des faits que j'ai déjà remarqués tous ces jours-ci et lesquels je vois aujourd'hui se répéter plusieurs fois, ce qui me permet d'en parler. Cette remarque est : que je vois pas mal d'officiers imiter les zouaves, ils *chapardent*, ce qui, au début de la campagne, je suis certain que ces mêmes officiers auraient demandé des punitions exemplaires pour les hommes qui se seraient permis pareils actes ; aussi, relâchement de discipline dans le corps d'officiers, ne peut moins faire que de se propager dans les rangs inférieurs.

Samedi 28 janvier. — A cinq heures, nous sommes debout et restons sur les rangs jusqu'à neuf heures, toute la troisième division défile devant nous, le général de Busserolles en tête ; il était en colère, lorsqu'il passe devant moi, il disait à M. Valentin : *Oui, colonel, vous m'avez laissé à la gueule du loup, je m'en souviendrai jusqu'au fond des enfers ;* et cela à propos de notre retraite du 26. Tous, nous donnons raison à notre colonel, car, qu'attendait-il ce général pour opérer son mouvement de retraite ? Nous étions déjà presque aux trois quarts cernés, aurait-il voulu que nous le fussions complétement pour être tous prisonniers, et pardessus le marché quelques têtes de *carton*. Allons, sans discuter, tous nos mouvements stratégiques (c'est ainsi que ces messieurs appellent ces allées et venues auxquelles nous ne comprenons rien) ; il n'aurait qu'à passer une revue un peu consciencieuse de sa division, et il verrait bien qu'à nos figures toutes défaites, à nos vêtements en guenilles, à nos armes, la plupart détériorées et la saison de plus en plus rigoureuse, qu'il ferait beaucoup mieux de vite nous faire battre en retraite du côté de Lyon, où nous serions tout aussi utiles pour le pays que d'errer ainsi comme des bêtes fauves, tel que nous le faisons depuis quelques jours. En allant à Lyon, on retirerait de nous double avantage ; nous pourrions nous ravitailler, ce qui nous permettrait de reprendre des forces, et par cela d'être à même de pouvoir résister plus énergiquement aux fatigues inévitables que traîne après elle la vie de campagne.

Voici notre tour de nous remettre en marche ; la route que nous suivons monte sur les montagnes et traverse de superbes forêts de sapins, cette route est déserte, presque pas d'habitation jusqu'au village Les Valottes. En revanche, un kilomètre après ce bourg, au détour d'un mamelon, nous avons la vue d'une belle vallée, laquelle a quatre ou cinq lieues de circonférence et est tout émaillée de coquets villages, plus encadrée de superbes montagnes dont les flancs sont couverts de sombres forêts de pins et de sapins.

Nous faisons une halte de deux heures à Morteau (13 kilomètres 300 de Fuans), après quoi nous remettons sac au dos, et en avant. Cette ville a de très-jolies constructions ; je remarque entre autre la splendide habitation de M. Pertusi.

Le village qui ferme la vallée est Grand-Combe ; et de là, nous entrons dans un défilé splendide, il est très-étroit et n'a pas de fin ; nous passons le village de Rendoment et couchons à la Ville-du-Pont. Les 4e, 5e et 6e compagnies vont occuper des granges perchées tout à fait en haut de la ville.

Dimanche, 29 janvier. — Au petit jour, nous partons ; cette nuit nous avons eu bien froid, maintenant encore, car le temps ne s'est pas radouci ; nous suivons toujours le même défilé d'hier ; 2 kilomètres plus loin, nous traversons Mont-Benoît, là, il y a encore des explications avec le général de Busserolles, ce qui me fait faire la réflexion suivante : que nos officiers supérieurs sont comme les officiers subalternes et le soldat. Les rapports journaliers n'ont pas l'air de s'échanger avec toutes les convenances désirables.

Avant d'arriver au village de Arçons, nous voyons un autre village très-curieusement situé dans un trou, du moins il paraît ainsi, vu de la route que nous suivons. C'est celui de Maison-du-Roi. A Arçons, nous passons un pont sur le Doubs ainsi qu'au milieu de troupes appartenant à d'autres divisions que la nôtre. Nous sommes contents de cette rencontre, voici déjà quelques jours que nous ne vivions par trop en famille. Nous voyons sur les képis de ces nouveaux camarades les n⁰ˢ 67 et 92; je pense que ce sont les n⁰ˢ de leurs anciens corps, car maintenant presque tous les régiments que nous rencontrons sont des régiments de marche. Nous arrivons de bonne heure à Pontarlier, cette ville et tous les environs sont littéralement encombrés de troupes et de bagages. Aux postes, nous restons je ne sais combien de temps sous les armes avant de former les faisceaux; tout s'en mêle pour être mal, on nous crée des *scies* impossibles. Voici un ordre qui porte à notre connaissance que les portes de la ville sont fermées pour nous; réellement, je ne comprends pas que des hommes qui n'ont pas leurs rations de vivres réglementaires on puisse leur ôter toutes facilités de s'en procurer, enfin *c'est le métier qui veut ça!*

Après trois heures de halte nous partons ; à quelque distance de Pontarlier, la route passe une gorge très-étroite qui n'a que quelques pas de parcours ; un kilomètre plus loin nous en passons une autre à la sortie de laquelle nous voyons les splendides forts de Jougne, en bas desquels est le village de La Cluse; pendant tout ce parcours nous sommes les uns sur les autres, infanterie, artillerie, bagages et cavalerie ; c'est une véritable cohue et cela dure jusqu'à Frambourg. A la Gauffre, nous passons encore un défilé où nous sommes obligés de faire la haie pour laisser passer plusieurs escadrons de cavaliers ; il fait grande nuit, parmi ces cavaliers il y a des ex-carabiniers de la garde, nous les regardons curieusement, à cause de leurs grandes tailles réhaussées par de gros chevaux et le casque, le tout enveloppé d'énormes manteaux couleur rouge-sang, une grande rapière qui dépasse ce manteau et bat les flancs du cheval. Ils ressemblent à de vrais troupiers romains.

A quelques pas de La Gauffre, nous prenons la route de Mouthe, puis avant d'arriver au village de Chaudron, nous gravissons un petit sentier qui conduit à Mont-Perreux, situé sur une haute montagne ; pendant cette ascension, nous éprouvons plusieurs émotions, ce fut d'abord de la nouvelle qui circule qu'un armistice est signé, puis que Bourbaki s'est presque fait sauter la cervelle de désespoir du peu de réussite qu'il a eu pendant cette campagne; après, ce fut du beau panorama que nous avons devant nous ; la lune éclaire comme en plein jour, ce qui nous permet de distinguer une quantité de mamelons, de vallées, de villages, puis par ci par là des feux de bivouac de plusieurs camps, et enfin nous, représentant un grand serpent enlaçant de ses anneaux les flancs de la montagne. Près d'arriver au village nous entendons des coups de canon, pendant un bon moment il ne décesse de se faire entendre, voilà qui démolit tous les projets que nous avions déjà faits, croyant que l'armistice était un fait assuré.

Le logement est long à se faire, il gèle ferme, notre compagnie est logée chez l'adjoint.

Lundi 30 *janvier*. — A cinq heures du matin, nous descendons la montagne, nous continuons de suivre la route de Mouthe; au jour, nous entrions dans le village de Chaudron et traversions successivement Malbuisson et Labergement; à quelque distance de ce village, nous montons encore sur des collines, la route traverse des beaux bois de sapins, à notre gauche nous avons la vue d'une jolie vallée; pendant ce trajet, un officier de hussards passe en sens inverse dans nos rangs et nous apprend la nouvelle officielle d'un armistice de vingt-un jours, nous sommes tous contents; le premier village que nous atteignons est Le Brey, puis Gellin, ce dernier est occupé par le 14e mobile et le 16e chasseurs à pied, puis par toute une collection de soldats égarés de l'armée française, turcos, zouaves, francs-tireurs, etc... Nous passons encore devant le Sarrejois et, de bonne heure, nous arrivons à Mouthe; comme nous y entrions, quatre escadrons de cavalerie en sortaient, ils vont, dit-on, reprendre les cantonnements qu'ils occupaient au moment de l'armistice. Nous, comme tout le monde, nous allons retourner sur nos pas.

Mouthe est tellement encombré, qu'il nous est impossible de nous procurer des vivres. J'y vois l'artillerie de la 2e légion; après une bonne pause, nous retournons sur nos pas, cantonner à Sarrajois.

Depuis ce matin, nous avons vu sur le bord des routes, peut-être plus de trente chevaux morts, cela doit donner une idée des fatigues que nous éprouvons tous, bêtes et gens.

XIV

Mardi 31 *janvier*. — Nous partons à huit heures et demie, nous sommes dispos, d'abord par la joie que nous éprouvons que cette guerre soit finie, puis nous avons dormi et mangé. Nous retournons sur nos pas, nous repassons Gellin, Le Brey et Labergement, pendant ce trajet nous nous croisons avec peut-être plus de trois mille trainards ; dans ce nombre, je vois encore une quantité de nouveaux costumes de francs-tireurs, les mobilisés de la Vendée et de diverses contrées de la France ; ce que je vois de plus curieux, c'est un groupe de cavaliers dont l'un porte un riche étendard, dont la hampe est surmontée d'une grande faux ornée de riches plumes d'autruche de diverses couleurs. Tous réunis ainsi, nous donnons une idée à peu près vraie d'un bal travesti.

A l'Abergement, le 1er bataillon change de route, nous tournons à gauche, passons devant Sainte-Marie et allons prendre cantonnement à Vaux ; nous y arrivons bien fatigués, nous formons les faisceaux en attendant que nos officiers aient pris le logement. Pendant ce repos, une division d'infanterie passe devant nous ; elle vient de Pontarlier et dépasse Vaux, quelques-uns doivent rester avec nous, cela nous contrarie, car nous comptions d'y être à notre aise et si tout ce monde y reste, il n'y aura pas moyen de se remuer. Voici les troupes qui composent cette division : 1er zouave, les régiments de mobiles, Nièvre, Savoie, un bataillon de marche de chasseurs à pied, formé avec des hommes du

3e, 8e, 9e et 19e bataillon, puis le 42e de marche, infanterie de ligne. Cette division avait à peine défilée que d'autres régiments passent encore devant nous en sens inverse. Ce sont les 69e mobiles Arriège et 27e de marche, avec ces derniers nous arrive la nouvelle que des hulans sont aux portes du village, nous pensons qu'ils sont là pour nous voir par curiosité. Le contraire nous est bientôt prouvé : d'abord par les mêmes régiments qui viennent de passer devant nous, Savoie et autres, qui repassent cette fois presque en déroute, puis par une masse de soldats qui traversent isolément la plaine, des officiers les poursuivent le révolver à la main ; Cosserat déchargea le sien et bientôt la fusillade retentit, les balles sifflent à travers nos rangs. Nous avons avec nous comme officiers supérieurs M. le commandant Venne ; il est à cheval et ne donne point d'ordre, les balles sifflent toujours venant d'une colline boisée qui se trouve en face de nous, les hommes sont outrés de cette apathie ; dans notre compagnie un certain nombre va jusqu'à me demander que je leur donne des ordres, ce qu'il m'est impossible de faire, vu que nos officiers sont là ; enfin en voici un qui est : 4e, 5e et 6e compagnie en tirailleurs dans les bois qui se trouvent sur un côteau à notre droite (nord), pour y arriver il faut gravir un terrain à découvert où nous nous enfonçons, à chaque pas, dans un et même deux pieds de neige, outre cela il y a un vieux mur à franchir, les balles nous accompagnent. En franchissant ce mur, je tombe, je ne peux plus me relever, il fait cependant beau temps et j'ai les doigts gelés ; avec cela les efforts que j'ai faits, pour arriver au bois, m'ont coupé la respiration, je suis obligé d'abandonner mon sac qui est fort lourd, ce n'est pas fini ; pendant un bon moment je ne peux me servir de mon arme, même je ne puis, hélas! la tenir, j'ai les mains réellement gelées. Cependant à force d'efforts, la chaleur revient, ce fut encore pendant quelques minutes de fortes douleurs à supporter.

Une fois revenu à moi, je délibère sur ce que nous avions à faire, car quelques hommes me demandent conseil et me suivent, la situation est grave, cependant mon plan est vite tiré; 1° nous sommes avertis que nous sommes tournés par le village de Malpa, donc, si cela est, nous sommes dans une souricière; 2° d'où nous sommes, nous voyons tous les chemins encombrés de troupes qui fuient en débandade; donc, une résistance est impossible, tout au moins inutile. Alors je leur dis de rester en tirailleurs; nous tournons le bois en suivant la lisière et en nous dirigeant sur Malpa. Cela fait que, si nous avions eu à nous battre, nous aurions eu la position avantageuse, l'inverse de ce qui vient de nous arriver à Vaux.

Je crus bien un instant que nous n'arriverions pas sain et sauf à Malpa, par la raison que le terrain qui se trouve en avant, à sa droite, est couvert de turcos en tirailleurs. Nous, de loin, nous ressemblons assez aux Prussiens, avec notre costume noir, ce qui fait qu'il y aurait eu probabilité qu'ils fissent feu, il n'en est rien. Je traverse leurs lignes après avoir donné divers renseignements à plusieurs de leurs officiers, de même qu'eux me renseignent que les premiers villages après Malpa, La Planée et Vois, les Prussiens y sont; ni une ni deux, je m'engage dans les bois en suivant les sentiers ayant direction à l'Est, ce qui doit me conduire dans la direction de Mont-Perreux.

Il arriva que, outre les hommes de ma compagnie, je vois une file interminable de mobiles qui nous suivent ; alors ne voulant pas avoir avec moi tous ces hommes avec lesquels, par esprit de corps, nous n'avons pas de bonnes relations, nous prenons un sentier qui prend direction à notre gauche ; où nous conduira-t-il ? A la grâce de Dieu ! Il nous conduit qu'il arrive au milieu de la forêt. Et... *bernicle*, il s'arrête net, plus aucun point de direction ; il arriva ce que je désirais, que tous ces hommes font demi-tour ; nous ne restons qu'une vingtaine de légionnaires, et alors nous reprenons direction à l'Est, en marchant dans la neige ; dans quelques endroits nous tombons dans des fossés où nous en avons jusqu'à la ceinture ; nous nous en voyons de belles ! Voici que nous finissons par apercevoir, à une certaine distance, un village, il y a de la troupe ; reste à savoir : est-ce ami ? est-ce ennemi ? Tant pis, il faut en finir, nous y allons et tombons dans des bras amis, seulement nous sommes éreintés, il y a près d'une heure que nous n'avons pas discontinué de marcher dans d'épaisses couches de neige ; outre cette promenade, il faut se rappeler que depuis ce matin nous sommes sur pied. Le village où nous nous trouvons est Les Grangettes ; les habitants nous disent que les Prussiens occupent les villages voisins, puis un des leurs nous montre le sentier qu'il nous fallait suivre pour nous rendre à Mont-Perreux ; ce sentier traverse le lac de Saint-Point, qui est littéralement gelé, et aboutit au village de Chaudron, nous avions encore frayeur d'y trouver l'ennemi, c'est-à-dire que, pendant toute la traversée de ce lac, nous nous attendions à recevoir quelques coups de fusil, nous ayant été dit que les Prussiens étaient entrés ce matin à Pontarlier ; ils auraient pu, par la même occasion, occuper cette route, cela aurait bien été un peu extraordinaire, mais enfin, maintenant, nous croyons à toutes les suppositions possibles.

Nous passons Chaudron qu'il fait grande nuit, des troupes en grand nombre y sont cantonnées; elles font des feux de bivouac, dont les flammes montent très-haut et éclairent tout le pays. Les Prussiens, qui sont à quelques pas, doivent rire; nous passons au milieu de tout ce monde sans que personne nous arrête pour être questionnés, enfin, c'est tout à la bonne foi. Nous prenons le sentier qui conduit à Mont-Perreux et y arrivons exténués de fatigue. Le village est occupé par un bataillon de chasseurs à pied, lesquels ont été désarmés lundi; la veille, ils s'étaient battus à Chaffois, et c'est de cette localité que venait le bruit de cette série de coups de canon que nous avons entendue.

Arrivés dans notre ex-logement, nous y trouvons une partie des hommes de la compagnie, ce qui fait qu'à une très-petite exception la 5e compagnie est réunie.

Les sous-officiers, avec Pascal, nous changeons de logement; la maison où le maire nous envoie, nous y sommes très-bien; sur les neuf heures, nous nous étendons sur le plancher, pensant pouvoir nous reposer un peu; il arriva que notre souhait ne devait pas se réaliser. Environ, sur les dix heures, le propriétaire nous réveille en nous disant que le curé venait d'arriver et qu'il apportait la nouvelle que les Prussiens étaient proches, que, peut-être dans une heure, ils seraient à Mont-Perreux. Nous lui demandons quel est le chemin que nous pourrions prendre pour les éviter, il nous fait passer tout à fait dans le haut du village, et nous désignant quelques traces de pas sur la neige, il nous recommande de les suivre constamment, qu'elles nous conduiraient au village les Grands-Fourgs.

Il est onze heures passé, le ciel est bien étoilé, le froid n'est pas trop vif, seulement de marcher sur cette neige c'est bien fatiguant.

Nous ne sommes guère nombreux pour faire cette promenade nocturne, cela me fait penser à l'appel de ce matin, il donnera (je le donne ci-joint) une idée de la désorganisation où en sont arrivée toutes les compagnies, car tous, avec plus ou moins de variantes, nous avons eu les mêmes vicissitudes :

Officiers : MM. Janin, Joly, Pascal.

Sous-officiers : Gustave Brun, Mias, Darrier, Vincent, Jules Brun.

Caporaux, hommes : Brocherie, Berthelier, Mathon, Rigondy, Marin, Muzy, Rostain, Moulin, Raynond, J.-M. Raynond, Arnaud, Kalendry, Raginel, Céon, Cl. Baudin, Narden, Frédière, Vadon, Boutarin, Staquet, Bonhomme, Perret, Martinot, Monnand. Marran, Coulon.

Dans la matinée étaient rentrés les onze égarés suivants : Gery, Odin, Colliard, Haute-Couverture, Besson, Duvernay, Gaillard, Crétinon, Vernay, Lollier, Chenelas.

XXV

Mercredi 1ᵉʳ février. — Sur les minuit, après avoir traversé des bois bien sombres, où les traces de pas ne nous ont pas fait défaut, nous débouchons sur une grande route, où nous nous trouvons de nouveau embarrassés, car personne de nous ne connait le pays pour pouvoir s'orienter. Tout en furetant, voici que nous découvrons une maison où, à force de frapper, on nous ouvre et on nous donne les indications suivantes : La route, d'un côté, va à Pontarlier, de l'autre, à Mouthe ; sur les montagnes, en face de nous, est le village de Bijoux, qui est le chemin pour aller aux Grands-Fourgs. Nous remercions ce brave homme, que nous avons empêché de dormir, et grimpons au susdit village. Mais, arrivés, pour nous indiquer notre route, nous sommes encore obligés de réveiller un paysan, ce qui n'est pas facile, vu que le particulier ne tient pas à se lever ; cependant, à force de faire tapage, ce bon citoyen se décide à nous montrer sa gracieuse personne, et, de son plus gracieux sourire, il nous montre la trace d'un traîneau qu'il nous fait suivre et nous dit de bien faire attention de ne pas prendre les mêmes traces que nous trouverons à notre droite, puis qu'il nous faudra quitter cette piste au quatrième sentier que nous trouverons à notre gauche. Ma foi, pour le coup, à la grâce de Dieu !

Nous marchons bon pas, il nous tarde d'arriver ; la température a bien changé depuis notre départ, le ciel est toujours clair, mais le froid est devenu rigoureux, la bise souffle avec violence et son souffle est glacial, il nous aveugle de poussière de neige.

Nous entrons aux Grands-Fourgs, sans être arrêtés par *aucune grand'garde, par aucun factionnaire ;* nous nous dirigeons dans une maison où nous voyons une lumière, et nous nous trouvons d'être bien reçus ; cependant ils ont déjà du monde, et nous arrivons un renfort de vingt-quatre hommes.

Ces braves gens portent le nom de Rousselot ; ils mettent leur maison à notre disposition et nous aident à pouvoir nous arranger soit pour nous restaurer, soit pour nous reposer.

Bien avant le jour, entre un docteur de turcos, il est comme mort de frayeur et de fatigue ; il va se mettre dans un coin tout malpropre, sous l'auvent d'une cheminée, et là, dort comme un bienheureux. Il nous a apporté la nouvelle que son régiment, ainsi que toute l'armée, avait reçu l'ordre du général Clinchant de passer en Suisse.

Au jour, nous jetons un coup d'œil dans le village ; il est archicomble de troupes et de bagages ; de toutes les routes, de tous les chemins il en arrive, et dans tout cela nous ne voyons pas de la première légion ; il en résulte que nous sommes et restons isolés ; qu'il est urgent de faire régulariser notre position, d'autant plus que les hommes n'ont pas de vivres et n'ont pas reçu leur prêt, l'affaire de Vaux nous ayant tous désorganisés ; M. Pascal, qui est avec nous, se rend très-difficilement à ce raisonnement ; à son avis, nous devrions attendre dans ce local les événements. Enfin, il part avec le sergent Miaz trouver le général commandant en chef ; ils reviennent une heure après avec le capitaine Janin et encore quelques hommes de la compagnie qu'ils ont raccolés, avec l'ordre signé de passer en Suisse, par M. le général Bonnet, commandant la 3e division du 18e corps, avec recommandation d'y passer, autant que possible, par petits groupes.

Pour arriver à la frontière, nous marchons près d'une heure ; la route est tellement encombrée de neige que les fourgons ne peuvent pas avancer, cela amène grande confusion, car continuellement le flot d'émigrants grossit et chacun a hâte de quitter le sol français : cela est bien triste à dire, cependant c'est positif. Quelques pas avant d'arriver au premier poste suisse, nous passons dans une grand-garde de cuirassiers, lesquels ces jours-ci avaient mission d'arrêter les déserteurs. Aujourd'hui ils n'ont plus de consigne... Il est dix heures et demie lorsque nous serrons la main aux soldats suisses du 112e bataillon, ils sont tous bien affables, nous n'entendons point de mots grossiers et ils nous regardent d'un air attristé en voyant le délabrement dans lequel nous sommes comme figure et vêtements... Beaucoup de civils nous adressent de bonnes paroles et nous donnent des cigares.

Le groupe de légionnaires qui entrent avec moi en Suisse, sont les nommés Mias, Vincent, J. Brun, Staquet, Brocherie, les deux Raynond, Rostain, Coulon, Moulin, Bonnet, Bonhomme, Muzy, Vernay, Mathon, Rigondy, Mermet (Pierre), Sturne, Perrayon (Pierre), ces trois derniers ne sont pas de ma compagnie... Pas plutôt désarmés, nous nous remettons en route; le premier village helvétique que nous passons est Auberson, puis Ste-Croix; dans celui-ci tous les habitants nous emmènent dîner, mes collègues et moi nous sommes très-bien reçus chez les nommés Bornanand; après notre collation, nous allons immédiatement prendre renseignement de ce que l'on va faire de nous, il nous est donné réponse qu'il nous faut attendre, ce que nous faisons patiemment, même joyeusement dans une brasserie, ne pouvant pas revenir de surprise d'être arrivés à pouvoir parler du lendemain, car voici bien des jours que nous n'avons pu causer ainsi, la vie de campagne ne le permettant pas, surtout arrivés dans les conditions exagérées où nous en étions réduits ; puis, suite inévitable, la démoralisation était venue, et elle devint complète lorsque nous apprîmes que les autres corps d'armée n'étaient pas plus avancés que nous. Car ne devant compter que par nous-mêmes, nous étions persuadés qu'il ne nous était pas possible de reprendre l'offensive.

Sur les cinq heures, on nous communique l'ordre donné que nous pouvions partir pour Vuitebœuf, un soldat nous en montre le chemin et nous sommes libres de nous y rendre comme bon nous semble. Avant de nous quitter il nous donne la nouvelle que des hauteurs de Ste-Croix l'on entend distinctement la fusillade et le canon dans la direction de Pontarlier.

Depuis notre arrivée, Ste-Croix a déjà bien changé d'aspect; la ville est complètement envahie de troupiers appartenant à tous les corps de l'armée française, les soldats suisses au milieu de tous, distribuant force poignées de mains, force cigares et la goutte ; les dames donnent à manger, beaucoup font encore plus, elles donnent des bas et des souliers à ceux qui sont pieds nus.

Le chemin que nous suivons est la gorge Cavatanaz ; avant de s'y engager, nous passons le village de Chez-les-Jacquards, et de ce village à Vuitebœuf, nous marchons d'admiration en admiration, la nature a prodigué à ce chemin tous ses plus beaux caprices.

A notre arrivée à Vuitebœuf, la ville est déjà encombrée de Français, je me dirige chez le bourgmestre; chemin faisant je suis arrêté par un Monsieur qui a bien bonne figure, il m'offre l'hospitalité, je lui fais observer que je ne suis pas seul, il me répond que l'on cherchera à s'arranger et nous emmène tous.

Nous nous trouvons d'être logés chez le maître d'école, Louis Bouillé, habitant à La Mothe-sur-Iverde. Les quatre sous-officiers et moi, avons chacun notre lit et tous les ustensiles nécessaires pour nous faire propres, un bon souper et des gens charmants pour causer et nous consoler. Dans leur conversation un fait me surprit. (Par la suite je vis que tous les suisses étaient de la même force). Ils nous causèrent de toutes les opérations de notre guerre 70—71 comme s'ils avaient fait campagne. Ils nous apprennent encore beaucoup de nouvelles importantes que nous ignorions complètement. Enfin, de bonne heure, ils nous donnent liberté de nous reposer, ce dont nous avons grand besoin.

XXVI

Jeudi 2 février. — A onze heures et demie nous disons adieu à M. Bouillé ainsi qu'à M. Gleyre ; ce dernier est un ex-lyonnais, en cette qualité il nous offre le vin blanc.

Nous passons les villages Orge, Valleyres-sous-Montagne ; de loin nous voyons le lac, le village et le splendide château de Grandson. Près d'arriver à Iverdun, passe devant nous dans une voiture deux paysans, lesquels en nous voyant se mettent à rire, ce sont MM. Janin et Pascal, ils se rendent à Lyon.

A Iverdun, sans discontinuer, on organise les diverses troupes en détachement, corps par corps autant que possible... L'officier d'état-major qui organise cela me donne le commandement de celui que je lui ai présenté ; nous sommes trente légionnaires et nous partons presque immédiatement.

Tous les villages où nous avons passé, toutes les routes que nous apercevons, sont encombrés de troupes françaises ; les colonnes de fantassins sont gardées à vue par de la ligne, et la cavalerie par des dragons.

A huit heures, nous arrivons à Chair. Le syndic nous fit longtemps attendre pour nous donner le logement, et il fait bien froid, mais il a tant à faire, que nous ne pouvons lui en vouloir... Pendant que nous sommes sur les rangs il passe plusieurs colonnes, entr'autre une de légionnaires et une d'un régiment de ligne, le 16°.

Les habitants nous reçoivent très-bien.

Vendredi 3 février. — A neuf heures nous partons, mon détachement a grossi cette nuit du double. L'officier suisse qui nous commande est très-aimable, il est allemand ainsi que ses hommes ; quoique nous n'aimions guère entendre ce langage, nous ne pouvons, à cause de leurs bons procédés, moins faire que de les estimer.

Nous passons les villages de Chable, Mante, Cusy, et nous faisons grande halte à Payerne. Nous repartons de cette ville après avoir changé d'escorte, maintenant ce sont des soldats du 112° bataillon qui nous escortent ; ils parlent français, cela nous fait plaisir. Nous traversons encore les villages de Dampierre et Domdigné ; à la nuit nous arrivons à Avranches ; nous sommes casernés dans les grands établissements publics.

Les habitants sont très-affables.

Dimanche 5 février. — Hier nous nous sommes reposés, aujourd'hui nous nous remettons en route à dix heures, après avoir fait entrer à l'ambulance le nommé Rostain, qui est de ma compagnie ; je le quitte avec peine, c'était un bon soldat.

Mon détachement a encore grossi, soit de la 1re ou de

la 2e légion, j'ai cette fois six cents hommes... Nous passons Grey, Fond, Mery et faisons halte à Morat; là un capitaine qui est de service, me reçoit très-gentiment, non-seulement il m'offre une rasade, mais encore les six cents hommes en ont leur part; pour cela il nous fait entrer dans une église, et pain, fromage, vin, nous sont distribués... Le capitaine me dit encore qu'il allait me donner de ses soldats pour m'escorter et que nous serions bien. Ces hommes sont du 25e carabiniers, le sergent Louis Aeschbacher, qui commande le détachement, est un charmant jeune homme, nous sommes tout de suite des amis. Avant de nous mettre en marche, le capitaine adjoint à mon détachement une vingtaine de turcos; parmi ces hommes j'ai deux beaux types de soldat. Arrivés à l'étape, j'apprends que le caporal se nomme de Sonis, fils du général de ce nom, et l'autre qui est clairon est son ordonnance.

Nous passons pour nous rendre à l'étape les villages de Ruchelan, Lurtigen, Viverelle, Biberen, dans ce dernier j'y laisse trois cents hommes, le reste cantonne à Guemini.

La plupart des habitants fraternisent avec nous.

XXVII

Lundi, 6 février. — Nous partons à dix heures, nous traversons encore de belles contrées et nous arrivons sur les deux heures à la gare de Berne; mon détachement s'est encore augmenté, nous sommes maintenant mille, plus deux sergents-major de la 2e légion qui nous rejoignent à la gare; de venir ainsi, cela leur a permis de voyager en amateurs. Après un bon moment de halte, un officier vient me demander une fraction de mon détachement, cette fraction est de vingt-six hommes, à laquelle je me joins, et nous voilà immédiatement en route pour Kehrsatz, nous faisons colonne avec une quantité de mobiles.

Kehrsatz est à une heure de marche de la gare. Nous faisons halte et formons le cercle sur la petite place de ce village qui est devant l'auberge de M. Walther, puis un officier supérieur, M. Bay, se place au centre, il nous adresse quelques bonnes paroles et termine en criant: *vive la république!* cris auquel la plupart nous répondons en ajoutant celui de: *vive la Suisse!*

Ils sont là plusieurs officiers, tous allemands, mais tous parlent le français. Pendant que nous attendions le rapport de ce que l'on avait décidé de nous; un capitaine, M. Studer, vient vers moi et me dit que je resterai avec mon détachement, au même instant le commandant Bay part avec la majeure partie de la colonne, ils vont cantonner définitivement dans les villages de Belp, Kustoff et Toffen, nous sommes en tout sept cent-vingt internés. Dans ce moment mon détachement est indécis de rester ou de suivre, moi je ne bouge pas parce que cela m'avait été dit, mais des hommes il en est autrement, comme l'obéissance a à peu près disparu, ils se débandent et vont se joindre au détachement de M. Bay, cependant un geste d'un autre officier supérieur, M. Indermühle, les arrête et à quelque chose près ils se mettent sur deux rangs. C'est dommage qu'ils agissent ainsi, car cela donne une idée triste mais vraie de l'organisation actuelle de notre armée. J'apprends que nous avons convenu à notre commandant par notre tenue, laquelle quoique bien détériorée, il est vrai, n'est cependant pas à comparer aux mobiles avec lesquels nous sommes, et c'est à cela que nous devons d'être restés à Kehrsatz.

Une collation nous est offerte par les habitants, puis après nous descendons à Sélofen, qui est le hameau où nous allons cantonner ; il nous faut un bon moment pour y arriver, là nous sommes entassés dans une maison, autant un baril d'anchois ; les mobiles qui sont avec nous appartiennent au 87e régiment, ils sont de la Lozère.

Voici le contrôle des légionnaires avec lesquels dorénavant je vais vivre et desquels j'obtiens pas mal de renseignements, tous relatifs à notre campagne et qui vinrent tous à l'appui de mes propres observations :

1re Légion du Rhône.

Brun (Gustave), 1er bat. 5e comp.
Guillot (Et.), sergent du génie.
Simon (Adrien), caporal   »
Brunat (Hector)   »   »
Rousselot (Ch.), soldat   »
Bonnet (Bapt.),   »   »
Moulier (L.), clairon, 1er b. 4e c.
Droz (Edouard),   »   »   »
Milliat (Jean),   »   3e   5e
Verrier (Michel),   »   »   6e
Vadon (Louis), soldat, 1er b. 5e c.
Fond (Eug.), clairon, 3e   6e
Brun (Fleury), soldat,   »   »

2me Légion du Rhône.

Trichard (Cl.), soldat, 1er b. 5e c.
Padet (Jean),   »   »   »
Liard (Ant.), clairon, 3e   1re
Goiffon (L.), soldat, 1er   5e
Collier (Jean), clairon, 3e   2e
Poyard (Et.), soldat,   »   »
Michon (Ls), clairon, 2e   6e
Gelé (J.-Cl.), soldat, 1er   5e
Lagarde (Cl.),   »   »   »
Mathieu (Alexis), serg. du génie.
Bonnichon (Michel), soldat   »
Bricot (Martin),   »   »
Pailleron (J.-F.), sold. 1er b. 5e c.
Rogelet (Aug.), soldat du génie.

Dimanche, 19 février. — Tous les détachements d'internés, c'est-à-dire Kustoff, Toffen, Kehrsatz et Belp, aujourd'hui nous sommes réunis dans cette dernière localité, dans la belle propriété de M. l'ex-colonel de Sturler. Là, par un temps splendide, M. Bay nous adresse un charmant discours, l'aumônier des mobiles lui répond, mais pas du tout à notre satisfaction, puis après, une fanfare, composée des jeunes gens de l'endroit, joue plusieurs morceaux, après quoi chaque détachement retourne dans ses cantonnements. Je ne repars pas, ainsi que deux autres légionnaires, nous avons permission d'aller tout-à-fait en sens opposé, nous allons au village de Gerzensée qui est même très-éloigné.

Cette permission nous est accordée sans difficulté grâce au commandant Indermühle, lequel constamment a mille prévenances pour les légionnaires. Il n'en est pas de même pour les mobiles et cela principalement à cause de leur malpropreté; maintenant que nous avons près de quinze jours de repos, ils sont encore aussi malpropres que pendant la campagne, avec cela de la vermine, qu'il ne fait pas bon être leurs voisins, nous les évitons autant que possible.

Cependant il ne faut pas croire que notre détachement de légionnaires soit parfait, non pas trop, il a ses pouilleux, ses grincheux, ses paresseux, mais ce qu'il y a de bon, nous ne nous soutenons pas dans nos défauts, celui qui faute est à l'index jusqu'à ce qu'il ait fait amende honorable, alors seulement pardon est accordé.

Ces diverses explications m'amènent à raconter notre vie de ces jours derniers, pour arriver à donner une idée de l'hospitalité telle que nous l'avons reçue.

Nous couchons encore comme des hommes en campagne, c'est-à-dire sur une botte de paille, à l'abri dans les maisons il est vrai, mais nous sommes bien serrés, comme il fait toujours bien froid, cela nous est moins sensible. Nous touchons tous, sous-officiers et soldats, 25 centimes par jour; pour l'ordinaire, de même, nous sommes tous égaux, nous mangeons tous à la gamelle. J'observe que les cuisiniers suisses ont les mêmes habitudes que les troupes françaises, ce qui veut dire qu'ils font leur *boni*. Le pain que nous mangeons n'est pas fameux. Enfin, cela est compensé par le bon marché du laitage et du tabac, par l'attention de plusieurs particuliers à nous apporter continuellement des cigares, du linge de toute nature et les attentions toutes particulières dont nos malades sont accablés par plusieurs dames du pays. Nous avons encore une riche bibliothèque, des permissions accordées assez facilement pour nous promener dans les environs et une auberge où nous sommes reçus non en consommateurs, mais bien comme si nous étions les enfants de la maison.

Tout cela nous le devons à M. Indermühle, puis au zèle infatigable de M. le maître d'école Gagnebin, lequel constamment nous apporte quelques surprises. Notre capitaine, M. Studer, n'est pas en retard non plus ; enfin, chacun cherche par beaucoup d'affabilité à nous faire oublier les ennuis de la captivité.

L'aspect du pays que nous habitons est très-agréable, quoique nous soyons encore dans l'hiver, quoique la terre soit encore couverte de neige, plus l'air y est sain. Je crois que cela est pour beaucoup de ce que nos santés un peu affaiblies ont repris vie. Car une fois l'appel du matin terminé, nous voilà la plupart en promenade, les uns vont à Kehrsatz, d'autres à Mury, riche village où pour y aller il faut traverser la rivière par le bac de l'auberge de Podenaker, délicieux endroits où toutes les distractions possibles sont procurées aux consommateurs. Nous avons encore bien d'autres buts de promenades, tels que Zimmervald, situé sur le sommet des montagnes et d'où l'on a une superbe vue des Alpes bernoises; Berne, où nous allons voir les ours; Belp, village insignifiant, mais il possède le bureau de poste où nous touchons nos mandats. Pour aller dans tous ces parages, lorsque nous avons notre permission dans notre poche, nous sommes de vrais bourgeois, nous ne nous figurons plus être des captifs, car rien ne vient nous en faire rappeler, personne ne nous insulte. De politesses nous sommes accablés, voilà tout ce que nous avons à souffrir. Si nos pauvres camarades de Prusse étaient de même, je crois que nous en voudrions moins aux Prussiens. Enfin, chacun sa destinée. Ces exercices journaliers ont pour résultat, comme je l'ai dit plus haut, de bien contribuer à notre rétablissement.

Dans le pays il y a un riche propriétaire, M. de Tscharner, qui a transformé une partie de son habitation en ambulance. Les soldats n'y ont à se plaindre que des soins par trop empressés de M. le docteur Schupbach, de son aide, M. Chénevrière, et tout l'état-major du pays, MM. le pasteur Flugel, le commandant Bay, Indermühle et autres.

Tous ces soins, ces bons rapports ont ramené l'accord dans les légions, maintenant nous ne nous parlons plus en nous montrant les dents, lorsqu'une explication a lieu, cela se passe en amis : on va vite vider le différend avec une bouteille de vin blanc. A propos de vin blanc, je crois que c'est le seul grand désagrément que nous ayons ; car, passé cette boisson et la blanche, nous n'en avons pas d'autre. La bière dans cette saison, les débitants n'en tiennent pas, et le vin rouge est un peu cher, le prix n'est pas à la portée de toutes les bourses; cela fait que nous consommons le vin blanc, lequel en définitive est délicieux.

Le résumé est que nous sommes bien traités, et que nous ne pourrons moins faire d'emporter de bons souvenirs de notre séjour en Suisse.

Notre soirée de ce dimanche, nous la passons comme les précédentes à l'auberge Walther ; là, officiers suisses, soldats, les gros, les petits bonnets de l'endroit et les internés boivent ensemble ; et les poignées de mains de s'échanger à s'en démancher les bras, puis la fanfare se met à jouer, et tous de valser. Pour faire plaisir aux Français on joue des polkas et des schotichs, pendant les intermèdes, toute l'assistance chante, ce sont des chants allemands, cela ne fait rien, nous les trouvons très-bien. Puis arrive l'heure à laquelle les internés doivent rentrer ; on se sépare aux cris de : Vive la République.

Mardi, 14 *mars*. — Depuis le 19 février, notre bien-être a toujours été prospérant, la plupart, nos figures ont repris leur teint naturel ; les habitants se sont familiarisés avec nous, au point qu'ils ont supprimé les cérémonies d'usage pour nous aborder. Nos officiers ont accompli les promesses qu'ils nous ont faites à notre arrivée ; c'est-à-dire qu'ils n'ont pas été pour nous des chefs, mais bien de bons pères de famille, aussi comme cela arrive toujours, lorsque l'on est traité en enfant gâté, quelques-uns en ont abusé.

Tous ces temps derniers ont été bien employés, ce qui a contribué à cela, c'est que les froids rigoureux ont presque disparu et nous avons profité de cette circonstance pour multiplier nos promenades, moi pour ma part j'ai fait presque un voyage : je suis allé à Thun voir le détachement que j'ai amené jusqu'à Berne; je vois les hommes de ma compagnie, j'apprends que les sergents Mias et

Vincent, sont allés comme chefs de détachement à Wissembach, et que beaucoup d'hommes sont détachés à Stesflisburg. Avant de partir, je vais faire une promenade dans ce dernier endroit, les hommes de ce cantonnement appartiennent en partie aux compagnies du génie, des 1r² et 2ᵉ légions ; j'apprends avec plaisir qu'ils sont aussi bien que nous, aussi, je reviens à Sélofnn, enchanté de mon voyage.

Nous avons encore eu depuis le 19, plusieurs petites fêtes ; ainsi le 5 mars 1773, anniversaire de l'entrée des Français vainqueurs à Berne, ils nous ont tous réunis, et dans leurs discours, ils trouvent encore possibilité de nous adresser de bonnes paroles, dont le résumé est : *Qu'ils ne se rappellent ce temps que comme un bienfait de Dieu ; car, ajoutent-ils, il était temps que les Français vinssent, les principes de notre petite République avaient dégénérée, et grâce à vous, Français, nous nous sommes régénérés, et nous espérons atteindre le but de nos fondateurs, qui fut que nous soyons de bons républicains.*

Nous sommes encore d'une fête le dimanche suivant, laquelle si elle se passait en France, ferait la risée de tout le pays, en voici un petit détail. Le détachement de Kehrsatz, de bonne heure est sur les rangs, et se met immédiatement en marche pour Belp, où tous les internés sont réunis ; la fanfare du pays ouvre la marche, puis deux chorales suivent : une de garçons et une de demoiselles ; et à noter, ce sont toutes des jeunes filles de 18 à 25 ans ; ces trois sociétés ont des bannières qu'elles font fièrement flotter ; suivent les officiers et les internés. Tout cela fait une bonne demi-heure de marche comme de vrais troupiers. A Belp, il y eut assaut de chants, de musique et de discours, et le détachement revient rapportant un bon souvenir de plus.

A propos de souvenir, il y a quelques jours, le sous-lieutenant Arnaud est venu me rendre visite, il m'apprit bien des nouvelles, entre autres que la légion était internée à Payerne, et qu'ils étaient bien ; que la légion avait eu beaucoup de décès à enregistrer, cela me fait encore rappeler que j'ai appris avant hier la mort de Bonhomme qui était interné à Thun. En dernier lieu, il me dit que les officiers sont internés à Fribourg ; nous nous sommes quittés en nous disant au revoir, et que cela soit à Lyon.

Ces derniers jours, pour derniers souvenirs, nos officiers, les principaux du pays, prodiguent leurs photographies et des brochures, soi-disant pour que, lorsque nous serons loin, ces gages d'amitié nous fassent penser quelquefois à eux ; ils nous disent encore que jamais ils ne nous oublieront.

Aujourd'hui 14, nous partons pour la France, de bonne heure nous sommes réunis à l'auberge Walther ; là, tous nous nous embrassons, nous nous promettons de nous écrire souvent, avec promesse que tôt ou tard nous nous rendrons visite. Les habitants nous offrent une collation, je profite de l'occasion de cette réunion pour adresser au commandant Indermühle, au nom de tout le détachement, des paroles d'adieu et de remercîment pour la bonne hospitalité que nous avons reçue, je ne peux pas finir mon petit speech, plusieurs pleuraient, et ma foi cela me gagna. Alors, le commandant me serrant les mains, m'embrassa au nom de tous, et nous dit adieu avec des paroles, lesquelles, j'en suis sûr, partaient du cœur. Il y eut jusqu'à M. Walther, qui nous adressa un petit discours d'adieu ; voici le tambour qui annonce les détachements de Belp, Toffen, Kustoff ; il est temps, les pleurs nous ont presque tous gagnés. Nous nous mettons bientôt en marche, la légion en tête de la colonne, l'inverse de lors de notre arrivée. MM. les officiers Bay, Indermühle, Kehrli de Werdt, enfin tous nous accompagnent.

Arrivés à Berne, ces messieurs nous font faire le grand tour de la ville, avant d'arriver à l'église qui nous est donnée pour logement ; nous défilons devant les *Ours Bernois*. Définitivement installés, permission nous est donnée de nous promener jusqu'à l'appel de huit heures ; puis nous sommes avertis que nous serons embarqués au chemin de fer à trois heures du matin.

M. le capitaine Studer, qui nous a quittés depuis quelques jours pour cause de maladie, habite Berne ; aujourd'hui il va mieux, ce qui lui a permis de venir nous serrer la main sur les rangs. Avant de se séparer, il invite quelques légionnaires et des mobiles à venir prendre une collation ce soir chez lui.

A l'heure militaire, nous disons adieu à M. Studer, et le commandant Indermühle nous accompagne à la caserne ; immédiatement à mon arrivée, à propos d'une consigne dont je ne compris pas le sens, « car les factionnaires qui nous gardent ne parlent que l'allemand, » et par suite, dont je ne fis pas cas, je suis arrêté et conduit en prison ; le commandant ayant appris cela, vient de suite me délivrer.

Quelques instants après, malgré le tapage infernal qui se fait dans cette église, je dormais profondément.

XVIII

Mercredi, 15 *mars*. — A deux heures du matin le réveil sonne, de suite je suis sur pied, et de suite j'ai les yeux grands ouverts par la surprise que j'ai de voir couché sur la paille, à côté de moi, le commandant Indermühle, et dormant encore. Voici les hommes qui apportent le café, le commandant se réveille et en boit un quart, tout en le buvant, il nous dit que crainte que le feu ou n'importe quel accident, arrive, il avait préféré passer la nuit en soldat, pour être prêt à tout événement.

A quatre heures, nous sommes à la gare, il pleut Ce changement de temps, le jour de notre départ est vexant, parce qu'il nous empêchera de nous rendre compte de la beauté des paysages que nous allons voir ; puis il a tellement rafraîchi l'atmosphère, qu'il fait froid. A quatre heures vingt minutes nous sortons définitivement de la gare ; nous voilà réellement en route pour la France. Jusqu'à la dernière minute de notre départ, le commandant Indermühle nous a tenu compagnie, nous le quittons emportant de lui un bien bon souvenir.

Au petit jour, nous passons à Fribourg, à huit heures et demie nous faisions grande halte à Romont ; de cette ville, après avoir passé plusieurs petites gares, nous arrivons sur le bord du lac de Genève, que nous cotoyons dans toute sa longueur. Le temps passe vite pour faire ce trajet, nous ne pouvions nous lasser d'admirer ce beau lac, puis les belles montagnes qui le dominent et les belles villas qui embellissent son rivage. Il est une heure lorsque nous entrons dans la gare de Genève, nous n'y stationnons que quelques minutes, juste le temps de changer de vagons, ceux dans lesquels nous montons maintenant, appartiennent aux compagnies françaises, et sont des vagons de bestiaux ; il en résulte que nous arrivons bientôt à tremblotter, comme aux beaux jours de cet hiver. Enfin, nous allons à Lyon, et nous y arriverons licenciés, d'après ce que nous ont renseigné les journaux, ce qui fait que nous prenons notre sort du bon côté.

Pour sortir de Genève, la population nous fait une magnifique ovation ; sur tout notre parcours, ce sont des cris de : *Vive la France, vive la République ;* et de toutes les croisées des mouchoirs de s'agiter. Quelques minutes après, nous étions sur le sol français ; nous y entrons sous de mauvais auspices, le temps est abominable, nous restons dans certaines gares des heures entières avant de nous remettre en marche, puis dans les buffets, absence totale d'approvisionnements, cela fait que je passe cette journée sans manger. Sur les minuit, nous arrivons à Lyon, et avant que nous nous soyons reconnus, le train en était parti et ne s'arrêta qu'à Vienne ; il est environ deux ou trois heures du matin ; là, autre gentillesse de l'administration, sur toute la voie, à la porte de chaque convoi, des lanciers font faction et nous empêchent de sortir.

Jeudi 16 mars. — Nous restons prisonniers jusqu'au jour, et lorsqu'il vient, nous eûmes le plaisir de constater que nos figures étaient blêmes, et toujours pas d'ordre de débarquement. Voyant cela, Rousselot, Brunat, Simon, Vadon et moi, nous cherchons et trouvons moyen de passer à travers les factionnaires ; une fois en ville, notre première démarche fut de rentrer dans une auberge, pour réparer le vide qui s'est opéré dans nos estomacs depuis la journée d'avant-hier ; là, nous apprenons de plusieurs soldats, que voici déjà trois jours qu'ils sont ici et qu'ils ne peuvent arriver à obtenir ni feuille de route, ni prêt, quelques-uns sont obligés de mendier. Apprenant cela, nous allons immédiatement retenir l'omnibus de Givors, pour y aller prendre le chemin de fer, car nous craignons qu'à Vienne les gendarmes nous empêchent de partir.

Sur les neuf heures nous partons, l'omnibus n'est occupé que par des légionnaires ; comme toutes les places ne sont pas prises, nous allons passer devant la gare, les voyageurs qui montent sont encore des légionnaires, et l'omnibus part définitivement. Circonstance bizarre, curieuse, c'est l'heure de l'appel des troupes qui sont de passage, et la voiture passe au milieu des rangs ; à notre gauche nous voyons le 32e de ligne, nos compagnons de Nuits, ils crient tous : *vive la 1re légion*, tout en nous envoyant des adieux de la main ; après, c'est le 14e mobile et ceux de la Lozère, avec lesquels nous étions en Suisse, ils nous adressent encore un sympathique adieu ; puis à droite nous avons les mobiles du Var ; avec eux, pour nos adieux, ce sont des huées que nous nous adressons réciproquement.

A Givors, nos billets nous sont délivrés sans aucune difficulté, et à midi nous arrivions à la gare de Perrache; en débarquant, les gendarmes demandent à plusieurs soldats leurs papiers, je ne suis pas du nombre, et pour que cela ne m'arrive pas, de concert avec Brunat et Vadon, nous nous jetons dans un fiacre, et quelques minutes après nous étions chacun chez nous et avec cela libres, car nous avons appris qu'il est bien vrai que nous sommes licenciés.

Ainsi pour moi finit cette campagne, et je puis dire que jamais je n'ai trouvé Lyon si beau qu'aujourd'hui!..

XXIX

Samedi 25 mars. — Rendez-vous est donné pour dix heures, place Bellecour, à la 1re légion pour remettre son drapeau ; pour je ne sais quels motifs, la cérémonie est renvoyée. Cependant MM. les légionnaires profitent de cette réunion pour remettre une épée d'honneur à M. Valentin, notre brave colonel : c'est le caporal Mouterde qui la remet au nom de tous.

Cette cérémonie terminée, la petite famille se réunit, et nous arrangeons la journée pour la passer ensemble, c'est avec plaisir que nous nous revoyons, malheureusement trois manquent à l'appel : Drevet et Vitton sont morts, et Arnaud a les pieds gelés.

Avant d'aller dîner, nous allons au-devant des mobiles de Belfort, toute la population de Lyon, je crois, en fait autant... Involontairement nous réfléchissons que sans cette malheureuse affaire d'armistice mal comprise, pareille ovation nous aurait été faite... Il ne faut pas croire que cela nous rende jaloux, non, pas du tout, car nous les premiers, notre avis est que les lyonnais Belfortins ont réellement mérité par leur conduite et leur courage d'avoir une page dans l'histoire, et en attendant, les faveurs de la population lyonnaise, laquelle en définitive est aussi sa famille, par conséquent ce sont nos frères, et à ce titre nous ne pouvons qu'être fiers de l'enthousiasme avec lequel ils sont reçus.

XXX

Dimanche 2 juillet. — Les enfants d'Appolon sont de nouveau réunis à la Closerie des Lilas pour donner un concert au profit des blessés, mais cette fois c'est pour les siens, car malheureusement tous ne sont pas revenus sains et saufs, nous avons même des morts à regretter, ce sont les sociétaires Mérot et Chatagnier, et comme blessés, Bayeul, Marquet, etc... Les favorisés du sort y sont aussi représentés, les uns comme officiers sortant des rangs de la mobile et d'autres appartenant à l'armée active, et par deux médaillés, le lieutenant Chapelier et le sergent-major Gustave Brun.

Rien de plus curieux que d'assister à une de nos réunions particulières, car à part quelques rares exceptions, nous avons été tous soldats et presque tous dans divers corps, cela fait que nous pouvons causer de tous les faits d'armes qui se sont passés durant cette guerre, et quoique nous ayons tous bien souffert, nous sommes tous prêts à repartir lorsqu'il le faudra pour chasser l'étranger du sol français.

XXXI

1er *septembre.* — Je termine ; si la compagnie a eu le malheur de commencer tristement la campagne, maintenant elle peut dire que c'est elle qui l'a finie le plus glorieusement, et cela par les diverses récompenses qui lui sont décernées, lesquels sont :

Caporal Mouterde (Emmanuel), soldat Burhstaler, chevaliers de la Légion d'honneur.

Sergent-major Brun (Gustave), sergent Bender, médaille militaire.

Encore un mot : Mes amis, je vous l'ai dit au début de mon livre, je ne suis pas écrivain. Ainsi que chacun en me lisant ne s'attache qu'à censurer l'explication des faits dont je donne les détails, et dont je garantis l'authenticité.

GUSTAVE BRUN.

TABLE

		Pages.
I......	Concert à la Closerie des Lilas............	1
II......	Départ des mobiles. — Réflexions...........	2
III.....	G. B Biographie.......................	5
IV.....	Mobiles au camp de Sathonnay.............	6
V......	Levée de vingt-cinq à trente-cinq ans.........	8
VI.....	G. B. son entrée à la légion................	11
VII....	État-major de la 5ᵉ compagnie..............	13
VIII....	Saint-Genis...........................	19
IX.....	Mon jugement de la légion................	27
X......	Première étape........................	39
XI.....	Villefranche..........................	46
XII.....	Entrée en campagne....................	48
XIII....	Châteauneuf..........................	80
XIV....	Nuits et la retraite.....................	93
XV.....	De nouveau en avant....................	107
XVI....	Mon séjour à Lyon.....................	110
XVII...	Campagne de l'Est......................	111
XVIII...	Villers-Sexel..........................	118
XIX....	Arcey...............................	125
XX.....	Vyans...............................	131
XXI....	Retraite..............................	138
XXII...	Lantennon............................	141
XXIII..	Continuation de la retraite...............	145
XXIV..	Vaux................................	158
XXV...	Passage en Suisse......................	163
XXVI..	Nos étapes suisses.....................	168
XXVII..	Notre séjour de Kehrsatz................	170
XXVIII.	Retour en France......................	180
XXIX..	Remise du drapeau. — Arrivés des Belfortins.....	183
XXX...	Réunion des Appolons...................	184
XXXI..	Conclusion...........................	184

Impr. Vᵉ Chanoine, Lyon.

www.ingramcontent.com/pod-product-compliance
Lightning Source LLC
Chambersburg PA
CBHW061307110426
42742CB00012BA/2082